O amor não mora na urgência do outro

Luana Carvalho

O amor não mora na urgência do outro

Copyright © Luana Carvalho, 2024
Copyright © Editora Planeta do Brasil, 2024
Todos os direitos reservados.

Preparação: Fernanda Simões Lopes
Revisão: Elisa Martins e Layane Almeida
Projeto gráfico e diagramação: Renata Zucchini
Capa: Renata Spolidoro
Ilustrações de capa e miolo: DAPENHA

CIP-BRASIL. CATALOGAÇÃO NA PUBLICAÇÃO
ANGÉLICA ILACQUA CRB-8/7057

Carvalho, Luana
    O amor não mora na urgência do outro / Luana Carvalho ; ilustração de DAPENHA. - São Paulo : Planeta do Brasil, 2024.
    208 p. ; il.

ISBN: 978-85-422-2865-6

1. Desenvolvimento pessoal 2. Relações interpessoais I. Título II. DAPENHA

24-3736   CDD 158.1

Índice para catálogo sistemático:
1. Desenvolvimento pessoal

Ao escolher este livro, você está apoiando o manejo responsável das florestas do mundo

2025
Todos os direitos desta edição reservados à
Editora Planeta do Brasil Ltda.
Rua Bela Cintra, 986, 4º andar – Consolação
São Paulo – SP – 01415-002
www.planetadelivros.com.br
faleconosco@editoraplaneta.com.br

*Para Cecilia, Karla e Sebastiana,
que acreditaram neste livro
antes mesmo de ser escrito
e que me ensinaram que
o amor pode ter cheiro
de arruda e alfazema.*

11 Apresentação

PARTE 1
Dor: sentir para curar

17 a ansiedade beija as minhas pálpebras
18 sangrar
22 A solidão é como uma faca de dois gumes
27 Não deixe que qualquer alguém mergulhe em teus oceanos de coragem
33 nota mental
34 Fenômeno da natureza
38 Sobre monstros, vinho e culpa
42 O que os homens fazem com mulheres inteiras
46 relacionamentos não são campos de batalha
49 Sou eu que sinto a culpa ou a culpa que me sente?
52 Existe um vazio na profundidade
57 Baby, você é confusão anunciada
60 Escute o seu desconforto
63 Amor à boca miúda
67 para os dias em que seu coração quiser se apequenar
69 o que eu diria para a minha criança ferida
72 a gente poderia ter sido muita coisa
73 Das partes que sangram
76 Amores autorais

PARTE 2
Livre para ser intensa

- **83** Livre para ser intensa
- **84** Emocionada ou bem resolvida com o próprio sentir?
- **89** Bom presságio
- **90** Tudo o que você sente importa
- **94** quando me encontrares na rua
- **95** loucura de amor
- **100** Me mostra a tua parte quebrada, eu não tenho medo de ver
- **102** o amor mora em uma certeza
- **103** Espaço seguro
- **105** Para as mulheres de coração imenso
- **106** Sou sempre queda de cachoeira, nunca vou secar
- **109** é do meu afeto
- **110** querida, por que você entrega tudo de si tão facilmente?
- **112** Oxum
- **116** Você é o enredo do meu samba
- **118** Se me perguntarem o que é o amor, saberei responder
- **119** O amor é juntar as solidões
- **120** Encantamento
- **125** tenho um compromisso com elas
- **126** O mistério do amor
- **129** Filha de Esú

PARTE 3

Talvez esta jornada seja sobre caminhar em direção a si mesma

133 Leia em voz alta
134 O amor não mora na urgência do outro
138 Mulheres-fogueira
140 Talvez você precise passar um batom vermelho hoje
143 Sagrados corpos
144 Nunca se está sozinha quando se está consigo
146 deixe que seus pés te levem
147 Peça-me licença antes de entrar
148 Sinto que sou sempre o meio do caminho e nunca a chegada
152 Macumbeira
154 Os mandamentos da mulher livre
155 Nem todo mundo vai saber te aproveitar
159 Você precisa aprender a ir embora
162 quando te deixam lá para cair
163 tem algo de muito bonito em saber estar só
166 Impor limites também é dizer adeus
169 não me permito mais ser definida pela dor
170 indisponibilidade
171 Você não é o que te feriu
172 Nem sempre você vai gostar de você
175 Te chamarão de megera
176 Cinco conselhos que eu te daria na mesa de um bar

178 O cuidado de quem cuida
181 Eu acho que você tá precisando de um samba
182 Sentir-se amada
185 Se permitir não ser o que o outro imagina tem gosto de liberdade
187 Dos outros mil amores que existem
188 Lições que aprendi com o tempo
190 Sagrada ou profana?
193 Acredito em mim
194 Quando a possibilidade do amor está em nossas mãos
198 Um recado para o seu corpo
201 E caso você esteja precisando ler estas palavras
202 Oxum quer que você saiba...

APRESENTAÇÃO

Tudo que está exposto nas páginas deste livro é o resultado de um desaguar intenso do que tenho dentro de mim. Me derramei em cada linha, e acho que exagerei em muitas delas, me excedi como nunca, e é tudo verdade. Sou do tipo que sente demais, para o bem e para o mal. Sinto meu peito em chamas toda vez que o sentir me invade, me derruba, me faz voar. Escrevo porque sinto e sinto em demasia, e escrevo para que outras mulheres intensas encontrem em minhas palavras um lugar onde possam sentir sem se desculpar. Traçando este livro, percebi que já sabia muito de mim, mas me descobri ainda mais ao me colocar em cada uma destas páginas. E quero que você, minha leitora, se derrame e se descubra sem culpa. É que eu, você e todas as outras já passamos tempo demais acreditando nas palavras daqueles que nem sequer dão chance ao que sentem. E não os culpo. Ninguém os ensinou a ter coragem suficiente para admitir em alto e bom som que sentem. E o que não nos falta é coragem. Este livro fala sobre ela: a coragem para sentir dor, amor, raiva, tesão, paixão, medo e todos os outros sentimentos tão humanos quanto nós mesmas. É que sentir é um direito e eu não me nego mais esse direito tem um bom tempo.

São três partes intensas de ler e sentir. A primeira fala daquilo que dilacera, sangra e que, muitas vezes, a gente quer esconder. Talvez seja difícil ler alguns desses textos ou talvez você sinta que tudo te diz muito, depois você me conta. A segunda é um grande samba-enredo da emoção; tudo ali é exagero, é paixão de metrô, amor de uma noite, relações longas, as que deram errado, as que deram certo, as que não deram certo nem errado. É exagero e, principalmente, liberdade. E a terceira – a minha favorita – é sobre o que cura e adoça. E tudo é uma celebração.

Eu poderia resumir esta apresentação em um curto "para todas as mulheres intensas", mas não gosto de resumos. Gosto do que ocupa espaço, página, vida. Gosto do que se estende além da conta, das entrelinhas e do escrachado também. Não tenho mais medo, precisei ser estupidamente sincera e libertar as verdades que meu coração carrega para me apossar de mim mesma, e disso eu entendo.

Para todas as mulheres intensas, gigantes, que ocupam espaço demais e que não sabem ser pouco: desejo que, nas próximas páginas, vocês encontrem a coragem que falta para tomarem posse de si mesmas e daquilo que sentem. Sem vergonha, sem pudor, sem meios amores e sem meias-palavras.

PARTE 1

DOR: SENTIR PARA CURAR

a ansiedade beija as minhas pálpebras
ao mesmo tempo que faz
do meu corpo estilhaços de vidro
e depois encara a bagunça
olhando nos meus olhos
como quem diz
"eu que fiz".

sangrar

quando eu sangrar, por favor, não me limpe. deixe que meu corpo se cubra com o que escorre de dentro de mim e, se quiser, fique para ver. quem sabe assim você perceba que muito do que sangra em mim é porque foi você quem me feriu. e talvez você veja o quanto te falta um pouco do próprio sangue nas mãos. eu tenho pena de você, não de mim. esta não é a primeira vez que sangro e, provavelmente, não será a última. mas é a primeira vez que convido alguém para me ver sangrando. é que, antes de você, a minha dor me envergonhava e eu poupei todo mundo que me fez sangrar de ver o tamanho do estrago que fizeram comigo. o que não me contaram é que depois de um tempo você se acostuma, mas não tolera. não me orgulho em admitir o quanto estou ferida por causa de você, mas também não me envergonho. quero mostrar do que você é feito e do que você é capaz de fazer. você vivia dizendo o quanto eu exagerava no viver; eu falava exagerado, chorava exagerado, dançava exagerado, bebia exagerado, ria exagerado. é que aquilo que te falta é o que me sobra e meu exagero é a lembrança constante de tudo o que você não é. e, convenhamos, nunca será. eu não tenho mais medo de você, não me assusto mais com os seus gritos e, por isso, não me importo que você me veja neste estado. não vou mais te poupar de saber o quanto seu potencial de destruição é alto, e você não vai mais andar nas minhas encruzilhadas sem se lembrar do meu sangue. não tente esconder as gotas de sangue espalhadas pela casa, não se apresse em jogar água e deixar que ela lave a sujeira. o que eu sinto está tão marcado dentro de mim que você é incapaz de tocar na minha dor. até para sentir dor precisa de coragem, e é por isso que te chamei tantas vezes de covarde. diferentemente de mim, você é incapaz de assumir o que queima dentro do seu peito e eu não me sinto mais na obrigação de ser lenha para você queimar. quero que você se lembre e jamais se esqueça, ainda que eu sangre até a morte e do meu sangue só reste o rastro: você sempre será quem abandona e eu sempre serei quem renasce.

é que aquilo que
te falta é o que me
sobra e meu exagero
é a lembrança
constante de tudo o
que você não é.

A solidão é como uma faca de dois gumes

Tem dias que saio por aí, andando sem rumo, ansiando que alguém note que dentro dos meus olhos vem acontecendo muita coisa. Caminho com pés lentos, margeando ruas que tanto conheço na esperança de que outro coração ouça que o meu já não bate como antes. Sinto que estou em queda livre, ainda que esteja firme no chão. Admito, nem tão firme assim; é como se meu corpo estivesse ali, mas minha alma já tivesse ido embora há algum tempo. E é nesse prelúdio que a solidão me acerta com força, me sinto vazia. Mas não é qualquer vazio que me acomete, é um que, num súbito movimento, brota na sola dos pés como raízes arcaicas e atinge em cheio o meu órgão mais vital. Calo-me diante da minha incapacidade de colocar pra fora o que me dói e sinto um furacão de lágrimas chegando como uma grande rajada de vento. Este é o destino de toda mulher negra? Derramar mares pelos olhos sem que ninguém esteja lá para nadar também? O choro vem e vai, como em uma dança contemporânea do sentir e está feito o espetáculo da solidão. A mesma que ditou as regras e rédeas da vida das mulheres que me tornaram mulher. Minha avó, negra, forte e sozinha. Jogou-se (ou foi jogada?) no mundo antes mesmo de aprender a caminhar. Tempo é uma coisa que mulheres negras não têm, é na necessidade de sobreviver que a vida vai se formando. Minha mãe, negra, forte e sozinha. Pariu-me sem uma mão para segurá-la na hora da agonia; o milagre da vida acontecendo e a solidão é o que ritmava o meu primeiro choro. Nasci abrindo o berreiro, como diz minha avó. Meu choro ecoava forte, desconfio que já era o meu instinto chamando por quem não apareceu, na esperança de que alcançasse os ouvidos que já estavam fechados para me ouvir. Nem sempre senti solidão, tenho em mim forças ancestrais que movimentam meu corpo e minha alma há muito tempo; venho de um lugar onde a coletividade é sinônimo de amor. Minhas mãos são mãos de muitas outras e os caminhos por onde ando foram abertos por essas outras mãos. Tenho companhia no invisível e a certeza de que nunca ando só, mas a solidão insiste em me fazer companhia. Me falta alguém que me pergunte o que me pesa o peito, alguém de carne e osso como eu. Falta alguém que queira entender sobre esses mil universos de que sou feita e que também deseja me mostrar os outros mil universos a que pertence. Falo de uma solidão que me assola os sentidos; se forja na viga que sustenta a casa da minha alma, tinge as paredes com uma cor indecifrável, deita-se em qualquer canto como se fosse a dona do lugar. É como uma sensação que nunca vai embora, abandono iminente que me cerca, um medo constante. Desconfio que o medo e a solidão nasceram juntos, assim como eu e meu destino. Temer a solidão já estando só é como esperar que o sol apareça em meio a uma tempestade. Toda mulher negra conhece o dilúvio e sabe que é impossível contê-lo, pois a origem dele mora dentro do nosso corpo, transbordando nossas dores. E é na hora da dor que uma mulher negra mais está sozinha, parece que essa é uma condição inerente, imposta. Houve momentos em que me orgulhei desse título, como se minha força fosse medida pelo quanto eu me sentia só. Enquanto meu íntimo sangrava sentindo na carne o peso que existe em se sentir sozinha neste mundo que já se faz hostil demais para mulheres como eu. Quando nenhum espaço te cabe e não sobra peito para fazer de lar, você acaba se acostumando com a ausência. E acha que ela que é o seu destino, predeterminado, imutável. Ter essa certeza desde muito pequena me fez acreditar que qualquer afeto oferecido a mim me custaria um preço, e, de certa forma, me entreguei demais muitas vezes quando tive de ser menos, refazendo aquela velha história a que eu tanto já estava acostumada. Ser menos tudo que eu era. Este é o destino de toda mulher negra? Ser amada com ressalvas? Com preço a se pagar? Maldita e bendita, a solidão é dual, feito faca de dois gumes. Bailo entre duas emoções: a de me sentir só e a de enxergar na solidão uma oportunidade de estar comigo. Enquanto decido de qual lado dessa faca estou, uma pergunta baila dentro do meu peito, tão ardilosa quanto a própria solidão, mas, diferentemente dela, chega como maré mansa, alastrando-se devagar na minha corrente sanguínea e me enfraquecendo os sentidos: como posso amar a mim mesma se não experimentei o amor de outro alguém?

Este é o destino de
toda mulher negra?
Derramar mares
pelos olhos sem que
ninguém esteja lá
para nadar também?

Não deixe que qualquer alguém mergulhe em teus oceanos de coragem

Ele sabia o que te provocava fogos de artifícios na sola dos pés e fazia nascer estrelas no lugar dos teus olhos? Ele sabia o que te provocava a fúria de mil oceanos e te fazia movimentar as mais profundas águas internas? Ele sabia o que te fazia voar por céus desconhecidos sem ter medo de passear pelas alturas?
E você ainda diz que era amor?
Você teve sede de todas as águas, sentiu fome de tudo o que a boca come. Precisou de um porto para abarcar, desejou um plano de voo que te permitisse voar. Quis fazer e ser companhia para outro par de asas traçar o próprio destino enquanto seus corações serviam de pista de pouso. Nele faltava ar, não tinha impulso. Você o ensinava a sentir a brisa do vento beijar as pálpebras, o agarrava

quando a insegurança se apossava do seu corpo trêmulo e até o colocou nas suas costas para que admirasse o seu voo enquanto ele não tinha coragem de usar as próprias asas. Você abriu seus braços querendo abraçar o céu inteiro enquanto ele se mantinha de braços cruzados se negando a tocar em qualquer pedaço de liberdade. E você pode até se perguntar se essa sua falta de medo em pegar com mãos cheias o que te torna livre não foi liberdade demais para ele lidar, pode até pensar que talvez você o tenha assustado com a sua pressa de viver, que a matéria do que você queria tocar era aquilo que ele fora incapaz de conseguir um dia enxergar. Nele, faltava tato. Não só para sentir o que estava se afogando dentro dele, mas também para te sentir fervendo ao lado dele. E assim ele te ensinou a apagar o fogo que nascia do meio das suas mãos e você aprendeu a fincar os pés na terra. Escondeu suas asas, parou de voar. Nunca matava de vez a sua fome e sede, apenas se saciava com o que ele queria te dar. Inverteram-se os papéis: em uma dança injusta, você passou a ocupar o lugar de aprendiz e ele ocupava, orgulhoso, o lugar de professor. Como se o amor fosse matéria para ele, tão pequeno, alcançar. Lá esteve você, com seus braços curtos de criança, tateando o abismo de paixões, querendo tocar em tudo que sua pequenez infantil alcançasse, sem medo, sem receio. Lá estava você. De novo. Ouvindo os ensinamentos que saíam de uma boca que nunca tinha experimentado o mel. Dessa vez, você tinha os braços grandes recolhidos, mal cabiam no seu corpo, espremidos. Ninguém via as suas mãos já havia algum tempo, seus dedos pararam de querer tocar abismos. O medo, que nunca te fez companhia, passou a sentar do seu lado, como se fossem velhos companheiros de viagem. Você tinha os olhos insones e a boca seca, nenhum vento te passava pelo rosto já havia muito, nenhuma água te molhava a garganta. Você estava à míngua, passando fome de tudo o que o estômago tem fome, sem se alimentar do que preenche a alma. Logo você, que sempre foi altiva, que sempre correu gira mundo, que sempre teve léguas como destino. Você murchou, como as flores em um outono gélido. Mas já era primavera e você ainda não tinha florido, você estava seca como um tronco de árvore sem copa. Suas raízes tentaram resistir, racharam o chão cinza em que você estava fincada querendo achar uma saída, encontrar uma terra fértil para se firmar novamente. Mas algo te cortava os sentidos bem no meio. A cada nova rachadura que suas raízes faziam, mais um pedaço dos seus galhos vinha ao chão. Começou com as suas flores amarelas arrancadas e pisoteadas, depois veio a primeira poda. Era para te proteger, já imaginou ser tão grande a ponto de incomodar quem não quer te ver ocupando as alturas? De repente, você estava sem nada. O outono te secou de cima a baixo, você esperou o sol raiar e te fazer florir, mas a verdade é que nenhum sol te alcançaria se você continuasse ali. Depois vieram os cortes recorrentes. Ao menor sinal de folhas verdes, tinha início a tempestade de facões raivosos acabando com o vestígio da sua luta para sobreviver. E eu sei que você acreditou que poderia fazer brotar amor de um terreno tão devastado. Você achou que, mostrando o quanto seu voo era livre, iria fazê-lo entender que também poderia voar. Você o convidou para ser pássaro e junto de você desbravar céus e oceanos. O que te sobrava faltava a ele. Coragem. E, então, ele fechou os olhos para a sua alma, se negou a enxergar do que você é feita e bebeu todo o seu instinto. Mas não se engane: ele só bebeu para cuspir depois, pois assim você e ele estariam finalmente no mesmo lugar. Ele sempre foi do tipo que precisa contar uma história na qual só ele tem espaço e você, convenhamos, é grande de tudo. Ele, covarde, se amedrontou. Diante de você, ele ficava ainda menor, reduzido. E você, grandiosa, colocou o seu lume em direção à pequenez dele, a fim de iluminá-lo. Tudo foi elevado à luz e você o enxergou à plena vista. Estava cara a cara com o vazio. Sua luminosidade o atravessou de dentro para fora, seus feixes o deixaram ainda menor e, com toda a sua coragem de encarar a vida, você viu o que ele tanto quis esconder. Tomou forma quase imediatamente; à medida que a sua luz ia ficando mais forte, menor ele ficava. Como um inseto perdido no meio do nada, ele tentou fugir e se esconder no escuro. A escuridão tinha um quê de abrigo para ele. Você, corajosa de viver, foi chegando mais perto, tinha pressa, precisava saber o que ele tanto escondia. E lá estava, o corpo trêmulo que você bem conhecia e te soava familiar, os olhos vacilantes ao encararem os seus olhos de farol, as mãos vazias e preguiçosas de alguém que só tinha covardia para oferecer. O que se escondia dentro dele é um mal, o mau amor. Cultivado por homens que não sabem amar sem destruir, já que não conseguem suportar a grandiosidade de uma mulher, a devastam. Ele não sabia o que te fazia se sentir em chamas, nem sequer enxergava a profundidade do teu ser, pois ele era raso demais para se aventurar nos teus oceanos de coragem. Você sempre foi uma mulher de profundidades, sempre fez dos mergulhos a sua forma de viver. Então, por que insiste tanto em mergulhar de cabeça em rios escassos? Como a lua, você renasce periodicamente, mas, quando entrega sua luz para quem não tem medo de viver no escuro, suas fases sofrem uma estagnação. Paralisada, você não sobrevive. Seu corpo implora por movimento, pelos voos altos que só você é capaz de dar. Quanto mais você acredita que pode revolucionar corações preguiçosos, mais você perde o seu encantamento. E é injusto que você pague o preço por quem não quer amar com a força da vulnerabilidade. Quando você vai entender que é sagrada?

As fontes daquilo que não podem te transbordar irão secar e você se vestirá de cheia. Quando isso acontecer, não tema a estiagem, serão os seus ciclos de lua te preparando para a fase em que você estará inteira. Inteira de você.

Era para te proteger, já imaginou ser tão grande a ponto de incomodar quem não quer te ver ocupando as alturas?

nota mental

lembre-se por onde você já passou
e por que nunca mais voltou
que sejam frescos na sua memória os motivos
que te fizeram ir embora
e que você não corra o risco de retornar para onde
teve que tudo suportar para permanecer

Fenômeno da natureza

Não vou mentir, tenho vontade de te fazer mil perguntas querendo ter mil respostas, na esperança ansiosa de que você me explique que amar é esse que deixou o que era antes uma nascente, queda d'água, secar. Queria entrar na tua íris, vasculhar teu olhar e descobrir por que teus olhos se tornaram insones, eram tão úmidos ao me refletir, tinham brilho, tilintavam. Como uma boca que antes se demorava grudada na minha pode emudecer? Não adoçar mais palavras que faziam companhia ao meu coração? Teu sorriso costumava ter um quê de lar para o meu nome, lembra? Meu corpo te abrigava, sustentava tua alma e eu te deixava ficar grande dentro de mim.
Você se foi e levou minha grandeza com você. Minha coragem no teu bolso, e meu coração na sola dos teus pés. E eu fiquei aqui, absorta na sala vazia onde a gente ficava, enro-

lava e se amava com a força de mil sóis. Nossa luz seria capaz de iluminar mil planetas, parecíamos erupções, nosso riso era fenômeno da natureza, furacão. Mas furacão devasta. Devastada me pergunto como acreditei que minhas mãos pequenas seriam capazes de segurar a destruição de olhos castanhos intensos. Teus olhos sempre foram a minha perdição, precipício. Me joguei em você com intensão, queria segurança, fortaleza. Você não estava lá quando eu caí, foi embora antes mesmo disso, fugiu. E eu te procurei, você sabe bem, sou obstinada. Era assim que você me definia, lembra? Fui a todos os lugares que a gente se amou; comecei pelos bares, tomei uma cerveja querendo sentir teu gosto em cada gole, tinha sede de você. Depois fui aos museus, quem sabe nas obras de arte encontraria as curvas do meu corpo que você amou com romantismo? E caí no samba, dancei como nunca, cantei de peito aberto aquela que você dedicou para mim. Me emocionei com os enredos das escolas pelas quais você desfilou, me arrepiei com o esquenta da bateria que você tocou e, mesmo assim, não te encontrei. Você tinha ido, me deixou.

Eu fiquei. Declarei derrota. Fui vencida. Você fez o que quis comigo e eu permiti que fizesse, gostava da sua loucura. Você pegou o que quis e, quando já não conseguia mais carregar minha grandeza, saiu com as mãos cheias de mim e até me derramou pelo caminho. Você se lambuzou de mim, se fartou comigo, se encheu de algo que só eu poderia te dar. E saiu pela porta, com pressa, correndo para algum lugar a que eu não teria acesso e nem teve a coragem de avisar que estava indo. De grande você só tinha a covardia.

De você me restou o silêncio, o vazio definitivo. A sua permanência mora no prefixo; impermanência, incerteza, insegurança. E no fim de tudo, que mais pareceu o ensaio do meu fim, acordei do coma a que você me induziu, despertei. Lúcida. Meu corpo, que um dia já te serviu de leito, hoje esbanja as cicatrizes deixadas por você. E, embora você tenha roubado muito de mim, lutei para continuar com aquilo que é meu por direito, o meu sentido mais humano. Meu peito é lar, ainda que você tenha tentado destruí-lo; ainda que tenha deixado um buraco bem no meio da minha alma, você não conseguiu dilapidar o meu sentir.

Se você foi devastação, eu serei fortaleza, protetora do afeto e do amor. O próprio. Se você saiu sem se despedir, eu irei me demorar em cada cama, em cada olhar, amarei. Não cometerei mais o erro de temer o amor novo, as paixões. Você foi grande em covardia ao sair por aquela porta e eu serei grande em coragem para abrir a porta mais uma vez.

Se você foi
devastação,
eu serei fortaleza,
protetora do afeto
e do amor.
O próprio.
Se você saiu
sem se despedir,
eu irei me demorar
em cada cama,
em cada olhar,
amarei.

Sobre monstros, vinho e culpa

Derrubei a taça e, assim como a minha alma, ela se despedaçou e sentiu no chão algo de lar. O vinho, que antes morava na taça e se alugava na minha garganta, manchou todas as coisas como se fosse o sangue jorrando das minhas feridas abertas. O cheiro do álcool incendiou o meu paladar e eu lamentei mais por não estar euforicamente etílica do que pela bagunça que o meu caos deixou.

Das paredes escorrem manchas cor de uva que não tenho pressa para limpar; penso que há beleza naquilo que deixo se derramar para fora de mim. Agarro com força aquilo que sinto e provoco momentos de drama para interpretar uma personagem de mim mesma que não foi engolida pela minha falta de coragem. Não minto, minha coragem mora em meu coração. Mas, se meu coração

não arruma a cama depois de se levantar, como minha coragem poderá se vestir de liberdade?
Tenho ânsia por glorificar aquilo que amo e tenho amado demais o palco que armo para mim mesma. Quero subir nele e derramar vinho como se fossem meus sentimentos. Um espetáculo da mulher que ousa queimar demais. Seria meu corpo uma fogueira?
Naquilo que não posso manchar de vinho, não me demoro. A mesa pode estar farta do que é bonito aos olhos, mas, se a taça de vinho não pode se estilhaçar no chão derramando todas as verdades não confessadas, vale alimentar-se do que não mata a fome?
Tenho tido sede demais, mas não me iludo. Prefiro mastigar os estilhaços que eu mesma quebrei do que beber de uma fonte seca.
Tentar molhar aquilo que é seco, tentar beber daquilo que não tem fonte é a mesma coisa que cuidar das paredes para que fiquem sempre brancas. Inútil.
Derrubei a taça, derrubei o vinho e, enfim, me derramei. Tive coragem.
Me derramei sem vergonha, igual quando você empurra minha coluna para baixo e entra dentro de mim com raiva. Me derramei sem pensar nas consequências. Quis me derramar. Ergui todos os espelhos em minha direção para me encarar, olhar nos meus olhos e ter a certeza de que estou quebrada. Fui quebrada de dentro para fora por você. De mim não sobrou nada intocado por você, até minha alma virou fragmentos de vidro. Você sempre

foi muito bom em dar socos, em destruir tudo que toca. Nunca teve vergonha de deixar a raiva abandonar o seu peito e se transformar em punhos fortes capazes de abrirem buracos profundos nas paredes. Até que encontrou em mim uma parede muito fácil de quebrar. Os buracos se abriram e eu me abria cada vez mais para você. Sou ré confessa, tinha esperança de que minhas partes mais quentes pudessem acolher sua raiva do mundo, quis queimar por você, quis que você me queimasse por dentro. E queimou incapaz de perceber que me dilacerava o peito e tudo que florescia livre nele. Perdi a esperança quando percebi que, quanto mais eu queimava, mais você me queria ardendo. E foi assim a nossa dança, nossa tragédia particular, nosso espetáculo.

Não cometo mais o erro de aliviar a sua culpa, não ouso mais dizer que insisti no fracasso, que sabia quem você era e não fugi quando pude. Você sabia quem você era e me pediu desculpas por isso, dizendo que só precisava encontrar alguém que não sentisse medo desse monstro que pintava menor do que realmente era. E eu, que carregava a autodestruição no sangue, acreditei que pudesse te salvar. Amei o monstro, alimentei o monstro, dei colo para o monstro. Dei meu corpo como alimento e deixei o monstro se deliciar de prazer com a minha carne. E você amou cada pedaço que consumiu de mim.

O que os homens fazem com mulheres inteiras

Ainda ontem desejei tanto ouvir sua voz dizendo que sente saudade, que Deus, com certeza, deve ter entendido como prece e deu logo um jeito de te fazer aparecer na minha frente. Em sonho. É que ainda ontem eu te mandei umas vinte mensagens e você respondeu todas com vinte silêncios, um mais comprido que o outro. Pensei em pegar o carro, aparecer na sua porta, apertar a campainha e esperar você abrir, mas nem sei mais qual porta ou rua é a sua, em qual bairro você toma seu café coado sem açúcar. A única coisa que ainda sei de você é o seu silêncio, inconfundível. Quando você ainda ocupava espaço dentro de mim, já costumava ser silencioso. E eu, que sei bem caber em miudezas, me adaptei à sua falta de barulho como quem tivesse nascido com ela. Às vezes, me pergunto se você deseja ouvir minha voz dizendo que está com saudade, talvez não. Da última vez que te ouvi dizendo alguma coisa, da sua boca saía som de facas arranhando um prato e eu não fiz esforço suficiente para entender, embora saiba que o som da saudade na verdade se pareça com o de uma gaivota sobrevoando o mar em um lindo pôr do sol. Talvez eu deseje aquilo que não posso ter; lembro-me de que você reclamava com frequência da minha dificuldade em te amar completamente, e posso te confessar uma coisa? Nunca entendi o que você queria dizer com isso. Te amei tão completamente que deixei de ser muita coisa por você. Aos poucos fui me parecendo mais com você do que com algo que um dia já tenha sido; tento recordar quem eu era antes de você e em minha memória mora um borrão, desses que a chuva molha com suas gotas pesadas e não dá mais para saber o que existia antes. Quando eu pensava como você, falava como você e agia como você, você finalmente me enxergou. No fundo, sempre desconfiei que o que você queria de mim era você, não eu. E eu fui me fundindo a você como metal. Era você, sempre foi sobre você e eu era apenas uma peça no seu jogo. Você gostava era de me exibir, gostava da sensação de me ter como uma sombra, não como uma presença ao seu lado. Você nunca me quis em um lugar de igualdade e, toda vez que eu dava um passo em direção à minha independência, você dava um jeito de me puxar de volta. Então, como posso desejar tanto te ouvir dizer que sente minha falta? Esse foi o defeito que você deixou em mim, como se eu fosse um brinquedo estragado que não sabe mais para que serve. Depois que você foi embora, senti como se tivesse me levado junto, por mais que eu me procurasse em lugares onde um dia fui eu, não me achava mais. Por isso, o desespero tomou conta do meu corpo e eu corri gira mundo atrás de você, implorei pela sua volta, pois queria mesmo era que você me devolvesse. Mesmo que você sempre tenha reclamado do meu exagero, não exagero quando digo que você não teve coragem para me amar sem me esvaziar, mas teve para levar tudo de mim quando foi embora. É isso que homens como você fazem com mulheres iguais a mim. Arrancam tudo de dentro da gente ainda que digam que o que temos é pouco, fazem pouco-caso daquilo que trazemos nas mãos enquanto roubam o que temos de mais valioso. Você dizia que me amava, mas eu sempre soube que não. Você dizia que me amava e hoje fala de mim ao vento, como se eu fosse qualquer coisa que cabe na sua boca falha, como se tudo o que sou coubesse nas suas palavras soltas. Talvez eu queira tanto te ouvir falando que sente saudades minhas porque quero ter a sensação de que você sente alguma coisa por mim e isso seria a minha vingança, a prova irrefutável de que você não me esvaziou sem motivo. Mas a verdade é cruel e é só uma. Você amava o pedestal em que eu te coloquei e eu amava o quanto você me fazia sentir que te dava tudo de mim. Até que fiquei sem nada. E hoje nós dois estamos assim: você sugando tudo que pode de outra alma, e eu lutando para me recuperar de tudo aquilo que perdi ao querer te salvar.

É isso que homens
como você fazem
com mulheres iguais
a mim. Arrancam tudo
de dentro da gente
ainda que digam que
o que temos é pouco,
fazem pouco-caso
daquilo que trazemos
nas mãos enquanto
roubam o que temos
de mais valioso.

relacionamentos não são campos de batalha

dentro de mim sempre existiu uma sensação estranha, uma quase certeza de que sempre cheguei muito tarde na vida das pessoas. como se não houvesse posição que pudesse chamar de minha, como se eu não pudesse me sentir segura em lugar algum, pois nenhum lugar era reservado a mim. e nessas relações, que insisti em cultivar mesmo sabendo que eu tinha que lutar para permanecer, sempre havia o momento do descarte. me surpreendia toda vez, uma seguida da outra. perguntava: "como você pode me descartar se eu provei que sou valiosa?", e acho que essa foi minha parcela de culpa. provar. fazer do amor um teste, em uma guerra na qual quem ganha é aquele que mais se sujeita a caber em espaços que não lhe cabem. meu erro foi querer provar que valho a pena, como se as relações fossem baseadas em quem se prova mais.

quem se despedaça mais, quem se anula mais, quem mais cava para caber em um espaço que nem lhe foi oferecido. e parecia que, quanto mais eu me despedaçava, mais me cobiçavam por perto, implorando um espacinho no armário, uma gaveta que fosse. meu afeto que desse um jeito e coubesse no cubículo, que se fizesse minúsculo em tamanho, mas grande em ação. sentia minha pele se rasgar toda vez que eu me espremia para passar pela porta, meu joelho ralado como se eu ainda tivesse sete anos e brincasse de escalar na praça da esquina de casa. meu peito se comprimia, tinha vezes que eu parava de respirar, encolhia a barriga e fechava os olhos para não ver o estrago que minha vontade de me fazer caber me causava. as feridas já não se curavam mais e eu me espremia pela porta com cada vez mais frequência. até que, de tão ferida, fui impedida de ocupar o espaço que tanto lutei para conseguir. assim, sem mais nem menos. depois que do meu corpo não sobrou nem a pele, fui proibida de ocupar qualquer pequeno lugar que havia restado. arrancada à força da única certeza que eu tinha.

e foi dessa forma dolorosa que aprendi que, se uma pessoa não te oferece um espaço para você ocupar na vida dela, não adianta lutar para se encaixar em um lugar que nem foi reservado para você. nas relações, é preciso que nos deem um espaço para que possamos ocupar e precisamos dar esse espaço para que ocupem. se relacionar é uma ação, precisa de certa disposição para que se construa um laço, um cultivar ambivalente do sentir.

eu tropecei demais antes de entender que estava implorando para que abrissem um espaço para mim, me enfiei em lugares diminutos onde a minha grandeza ficava do lado de fora esperando. quis diminuir de tamanho, desejei ser menor para caber onde eu só seria bem-vinda se abandonasse meu jeito imenso de amar. querendo amar grande, acabei me amando pequeno. e há justiça nisso? há justiça em não permitir que a vontade de ser amada te dilacere, pois o amor sobrevive na grandeza dos espaços que reservamos para ele.

Sou eu que sinto a culpa ou a culpa que me sente?

Confundo-me constantemente e preciso fazer um esforço considerável para me lembrar que a culpa não é extensão do meu corpo, ainda que não me recorde de um momento sequer onde não a senti dentro de mim. Ouvi uma vez que a culpa nasce com a mulher – desde o primeiro choro, ela está lá de mãos bem dadas com a gente. A culpa toma conta do nosso corpinho ainda pequeno e errante e se transforma em algo maior que nós, maior que nosso desejo de desaparecer com ela. E eu ando cansada de sentir culpa por tudo.

Ninguém nos avisa que, quando começamos a cortar o mal pela raiz e fazer da nossa vida espaço de cultivo saudável de laços, a culpa por dizer não a lugares, pessoas e relações dá as caras. Mesmo sabendo que dizer *não* é o que precisa ser feito, a culpa é arrebatadora. É como

se sempre estivéssemos prestes a voltar para os braços-
-tentáculos de quem mais nos adoeceu. Essa sensação de
andar em corda bamba feito uma equilibrista bêbada é
sufocante, não acha? E não tem nada mais difícil do que
se convencer de que você merece mais, depois de ter pas-
sado tanto tempo aceitando pouco. E me arrisco a dizer
que a solidão e a culpa são irmãs gêmeas, pelo menos
são elas que têm me feito companhia desde que decidi
que tudo aquilo que me dilacera pode ficar para depois.
Quem não pode ficar para depois sou eu. Só que, nessa
jornada, o caminho é escuro demais; minhas pernas ain-
da bambeiam toda vez que preciso atravessar uma dessas
pontes desconhecidas em direção a mim mesma e sinto
o medo se ocupar do meu corpo em resposta rápida ao
pavor que me espera lá do outro lado. É culpa. Ela, que
me espera com os braços abertos e receptivos, querendo
que eu me jogue em sua direção de uma vez só. E ela,
com aquela boca maldita, vomita todos os meus medos
em cima de mim; desconfio que ela se diverte me jogan-
do na cara e mostrando que tudo que maldigo de mim
é verdade.

Me sinto apagada, como se minha luz estivesse se enfra-
quecendo à medida que vou andando e andando e an-
dando... Quase consigo ouvir um piano sendo tocado em
ritmo lento para combinar com os meus passos incer-
tos naquela ponte de madeira velha. E antes de, enfim,
atravessar, cometo o erro de olhar para trás, na esperan-
ça traiçoeira de que algo me chame de volta e eu possa

voltar correndo. Nada. Um grande vazio, uma escuridão sepulcral. E mesmo que eu negue, sei o que significa, preciso encarar. Mais apavorante do que a culpa que sinto em me escolher, é retornar aos lugares que tiraram tanto de mim. A culpa que sinto não pode ser maior do que a minha vontade de me libertar dessas noções deturpadas de amor; o amor não prende, não adoece, não maldiz. O amor não dilacera. E ainda que a culpa continue a me fazer companhia, seguirei, sem regressar, me escolhendo.

Existe um vazio na profundidade

Tem algo de impreenchível em mim. Algo que nem eu nem ninguém conseguem tocar com exatidão, e que nem sei onde começa e onde termina. Talvez o começo seja o fim e o fim seja um começo, como um círculo fechado. Sei que é grande. Não como um buraco, mais como um poço escuro que ninguém ousou descobrir quantos metros tem. Antes eu acreditava que era possível chegar ao fundo desse poço com o meu fôlego, mas logo descobri que sozinha não conseguiria. Depois, passada a fase das tentativas falhas de acessar o que me era inacessível, coloquei na cabeça uma teimosia. Havia de ser com alguém que eu conseguiria alcançá-lo. E eu não poderia estar mais errada. Tentamos mil e uma vezes descer até lá e eu já estava acostumada com a confusão; era sufocante, apavorante, cansativo e nunca dava em nada. Quando a gente achava que estava chegando ao fundo, mais espaço se abria e mais longe o fundo ficava. Me convenci de que era a hora de parar, parar de tentar entrar e quem sabe tentar preencher, tapar o buraco que fosse. Esforços e mais esforços em vão, nada era capaz de preencher ou esconder aquilo e, quanto mais eu tentava, pior ficava. Percebi que essa minha insistência era só minha e estava causando muito mal para quem aceitava entrar nessa loucura de preencher o impreenchível. E logo me convenci de que o problema era mais claro do que água cristalina e reluzia bem na minha frente. O problema era quem me ajudava. Tratei logo por terminar aquilo, dizer que já não era suficiente, que se não conseguimos é porque faltaram empenho, vontade, inteligência. Me sentia mal por falar essas coisas, mas acreditava mesmo que era verdade. Passado um tempo, encontrei mais disposição em outro alguém e me animei com a quase certeza de que agora meu poço não só teria fim, como também seria preenchido. E lá estava mais uma vez, como quem ri na minha cara. A falha, que veio em alta velocidade dessa vez. Ao ser apresentado ao poço sem fim, ele recuou como se visse uma fera pronta para devorá-lo. Eu já estava tão acostumada com aquilo que confesso que me ofendi sobremaneira com aquela reação desmedida. Como algo que me era tão meu poderia causar tanto espanto assim? Orgulhosa, por minha vez, me mantive de cabeça erguida e disse que já sabia que seria assim. A verdade é que eu torcia para que não fosse, rezava em súplicas silenciosas que ele fosse capaz de chegar até lá embaixo comigo. Depois disso, muitas outras tentativas aconteceram e todas acabaram do mesmo jeito que as anteriores. Me vi esgotada por esgotar tantas outras pessoas com essa minha busca pelo meu fundo, pelo fim. Gastei toda a minha energia e a energia dos outros tentando acessar o que eu não sabia exatamente o que era, mas queria acabar com aquilo o mais rápido possível. Foi então que me arrastei até as minhas beiradas, caminhei lentamente em volta do poço e encarei aquele imenso nada. Estava me encarando, olhando diretamente para mim. Olhei por um tempo que pode parecer curto ou longo, que pode ter demorado dias ou horas, e entendi: o meu impreenchível era meu, não do outro. O outro não pode acessar o meu fundo, nem entender por mim onde começa e onde termina. E está lá por uma razão; os nossos impreenchíveis são necessários e têm algo de muito humano em não se preencher totalmente. A gente erra em fazer dos relacionamentos um eterno movimento de preencher vazios, buracos e poços que não precisam de recheio, precisam mesmo existir. Aquilo que é meu só pode ser conhecido por mim e nem sempre esses espaços são vilões, às vezes é o que nos torna alguém, dá um sentido de existir. Errei e feri ao tentar fazer do outro conhecedor de mim e do que não me preenche, errei ao querer que o outro me preenchesse, errei ao ter certeza de que a culpa da falta era do outro. Fiz de relações um dar e ganhar para tentar preencher e ocupar lugares meus que não serão preenchidos e ocupados por nada. Vazios eternos sem data de validade, sem começo, sem fim, sem fundo. Ninguém tem todos os espaços preenchidos e não pode preencher espaços que não são seus. Cabe a nós aceitarmos que o impreenchível existe e há de bastar, pois até mesmo na profundidade reside um vazio.

Os nossos
impreenchíveis são
necessários e têm
algo de muito humano
em não se preencher
totalmente. A gente
erra em fazer dos
relacionamentos um
eterno movimento
de preencher vazios,
buracos e poços
que não precisam
de recheio, precisam
mesmo existir.

*Baby, você é confusão anunciada,
prevejo seu futuro e sei que está perdido.
Você diz que precisa de alguém que seja a sua bússola
enquanto você faz corações de jogos de azar.
Você diz que tem a arte nas mãos,
promete universos, mas o que sai da sua boca é fraco
demais para viajar pelos céus desconhecidos.*

> *Meu bem, você tem medo nos olhos e
> caminha no meio-fio, faz teu peito de
> circo e implora que embarquem na sua
> lona de loucura. Te faltam avesso, frente
> e verso. Adoraria me perder com você se
> você já não estivesse tão perdido.
> Tuas pernas se confundem em uma
> tortuosa caminhada e você tomou toda a
> coragem de quem só queria te curar.*

*Te encontrei em um desses poços que você
usa como casa de vez em quando, te estendi
a mão querendo que pulasse desesperado
para fora do buraco e você usou força para
me puxar para dentro do seu poço.
Caí no seu colo, você me pediu para te fazer
companhia, que te ajudasse a ficar ali por
mais tempo. E eu, arrastada à força para
dentro da sua escuridão, tentei me fazer
lanterna. Fraca, falhei.*

*Quis me fazer de farol para te iluminar,
quis ser tua guia, te mostrar a saída.
E eu, tola, só soube tarde demais que não
haveria como te salvar. Você precisava
ser salvo de si mesmo, precisava de
resgate, de bote salva-vidas. Mas você
nunca quis, não é? Você amava o seu
abismo na mesma intensidade que se
amava. Esse era o seu palco, no qual só
você poderia se apresentar, colocar seu
drama em cartaz e distribuir os ingressos
de forma gratuita para quem quisesse
ver a peça que você montou.*

Preciso admitir que seu talento é louvável, você atuou muito bem me convencendo que era de mim que tua alma necessitava. E eu transfundi até meu sangue para não te deixar esmorecer. Fui até o fundo do poço por você, sujei meu corpo com a tua lama até não sobrar mais pele minha à mostra. Provei do teu fel, ambicionei a sua cura. Fiz até mandinga para te livrar do mal. E fui contaminada. Não pelo mal que te afligia, mas por aquele que você causava. Você não se contenta em apenas ter um poço para chamar de seu, você toca em outros corpos querendo que eles não te deixem sozinhos lá no fundo. E consegue. Suja todo mundo com a sua lama, faz todo céu de brigadeiro chover lâminas afiadas. Você profana o sagrado coração das mulheres que têm amor de sobra para dar e ainda exige que te salvem.

Mas sabe com o que você não contava? Com a fúria de uma mulher ferida. Quero te tornar público, te fazer de escárnio e que todos saibam; não ligo que descubram que fui destruída porque quero que descubram quem me destruiu.
Que todas as mulheres de olhos grandes e coração maior ainda tomem cuidado. Sim, você, querida. Atente-se aos homens de poço, aqueles que imploram de voz baixa, aqueles que querem lamber suas feridas depois de terem te machucado inteira.
Não tente salvá-los, salve-se você deles.

Escute o seu desconforto

Odeio gola rolê. O fato de que fico linda a usando nunca compensou a sensação de sufocamento causada pela maldita gola. Anseio por respirar plenamente, tenho uma vontade pulsante de me sentir livre. E parece contraditório que, de vez em quando, me aventure a sair por aí usando a gola, que aperta o meu pescoço em nome de uma suposta estética. E então dá-se início ao espetáculo do horror: puxo a gola a cada dois segundos porque fico agoniada. A maldita sensação de sufocamento somada à minha enorme habilidade de mascarar o desconforto com o que me incomoda.

Esses dias fui a um café, sozinha mesmo; queria aproveitar minha própria companhia e ouvir o que os meus ruídos têm a dizer. E justamente nesse dia, em que criei a tal da coragem de me levar para sair, escolhi a gola rolê para me acompanhar. Observei que o que se passa comigo é o mal da solidão, a cilada do estar só, a sensação de arranhadura na garganta que não te deixa engolir a própria saliva. Quis tocar no pavor que tenho de me entender só e acreditei, de forma ingênua, que um café e um livro pudessem me curar da doença da solidão. E ela estava lá, um lembrete constante do que me apertava o pescoço e o coração. Estava lá, em volta de mim como se fosse uma asfixia iminente, pronta para me sufocar. Uma prova de como tenho sustentado demais certos desconfortos como um lembrete do que mereço. Tatuei a palavra *liberdade* na perna para não me esquecer de como sou livre, de como voo solo. A gola rolê mais me parece uma piada velha e sem graça contada num almoço de domingo. É como se ela tivesse criado vida só para me falar com aquela maldita boca que sou uma grande fraude, presa a incômodos que eu mesma promovo. Vítima e ré de mim. Advogada e promotora, nunca juíza. Me falta coragem. Sufocando é que percebo que existem desconfortos tão sutis que nos fazem cair em armadilhas que somos incapazes de enxergar a olho nu, aqueles que chegam de mansinho, fazem sua própria cama e pedem para ficar mais um pouquinho. E a gente deixa. Foi em um desses pedidos que me perguntei quais eram as razões que me faziam permanecer no desconforto e cheguei rapidamente a uma não resposta: não é em nome de mim mesma que sustento, pois sou um motivo fraco demais. Não me dou tanta importância a ponto de sustentar qualquer coisa por mim. Talvez essa seja a maior prova do meu crime. Se não sou motivo suficiente para sustentar qualquer coisa, então sou o quê? As evidências estão na mesa e preciso enxergá-las com muita clareza e sinceridade. E confesso: não tenho sido sincera comigo. A gola rolê cumpre o papel de mascarar o que eu estou fazendo, apertando meu pescoço em nome de qualquer outra coisa terrivelmente menos importante do que eu. Em nome de qualquer alguém que nem sequer me conhece o suficiente para saber que odeio gola rolê, em nome de qualquer relação que me coloca em apuros em vez de me oferecer um leito para o descanso. Tenho sustentado demais o desconforto porque tenho medo de que seja só isso que eu mereça, medo este que me consome por inteiro e que, com uma voz metálica, fala em meu ouvido que o amor é sustentar. Rebato-o perguntando: "que amor é esse que sufoca deixando sem ar?", ao que ele me responde de forma irônica, quase rindo da minha tolice: "você está sem ar porque se nega a respirar a plenos pulmões".

Então, deixa eu te perguntar: você tem respirado ou está se sentindo sem ar?

Amor à boca miúda

Acho que existe uma certa magia nos corpos que se negam a acreditar que o amor não foi feito para eles. Corpos como o meu, que subvertem a lógica limitante do sentir e do gozo, que confundem a norma e reivindicam um lugar onde possamos existir sem concessões. Digo isso pois minha vida, até agora, foi forjada na capacidade de fazer concessões de todo tipo, como se eu tivesse que me desculpar por ter o corpo, a pele e a voz que tenho. Meu corpo, apesar de precocemente violado, resistiu às intervenções. Quanto mais feridas e hematomas ganhávamos, mais nos tornávamos capazes de inventar uma força. Fui aprendendo que o ódio é o único sentimento que meu corpo experimentaria, e experimentei. Dos ódios que me tocaram, o pior de todos foi o que eu mesma me dei na boca. Como uma colher de mel que adoça os sentidos, o ódio que me dei foi como o provocado por uma colher esquentada no fogo, me queimando a garganta e o coração. Engolir o fel que não foi feito por mim, mas que tomei como se fosse de minha propriedade, devastou toda a minha terra. Apodreceu-me. Meu corpo sofreu toda tentativa de domesticação possível, e as violações que sofremos foram as tentativas mais ferrenhas de me quebrar. Sentia-me inadequada; ora grande demais, ora preta demais – e, ainda assim, insuficiente. E eu, teimosa como Iansã, nunca fui de me entregar por inteiro. Diziam-me que, em mim, não existia casa para o amor morar e que meu corpo era do tipo não amável. Sentenciaram-me à solidão. Ninguém me amaria se eu não desse jeito logo nos meus defeitos de cor e de corpo, não teria como haver final feliz para mim. Meu sorriso sumiu do meio de meu rosto, meus olhos secaram e minha visão passou a embaçar toda vez que me via refletida em um espelho. Minha pele escondia-se nas roupas e nas palavras; como posso diminuir minha existência até que esqueçam que sou negra? Assumi um jeito de quem fugia, sempre me esgueirando pelas beiradas, querendo ser invisível em todos os lugares. Era assim que deveria ser. Meu pedido de desculpas por ser o que eu era acontecia no detalhe; abaixar a voz, esconder o corpo, prender o cabelo, afinar o nariz, negar o tom da minha pele, nunca incomodar, nunca conflitar, nunca questionar. Fui treinada para ser assim, com a promessa de que me blindaria da violência que os meus pares indomesticáveis sofriam. O que pareciam ignorar é que o que me acometia também era violação. E, quando eu ainda desconhecia, em mim já havia algo de muito resistente, algo que sobrevivia bravamente a todo ódio que meu corpo-espírito experenciava. Esse algo é comum a todas as pessoas, mas tem um quê especial em toda mulher imensa de corpo e sentimento. É aquilo que não se deixa dobrar por inteiro, uma dignidade resoluta que teima em permanecer intacta ainda que adormecida. Essa teimosia presente no corpo de todas nós pulsa como uma fogueira que se nega a apagar. Houve o tempo das cabeças baixas e dos ombros grandes encolhidos, houve o tempo que minha existência era definida pela aprovação de outros alguéns, o tempo em que eu mais me retirava do que permanecia. E venho aqui declarar que esse tempo acabou, findou-se como poeira fina depois de uma fogueira pagã. Acabou, fim. O amor que tanto disseram que eu não merecia é algo que não desejo; quero léguas de distância desse amor vazio que devasta a alma e o coração de mulheres-fogueira. Quero andar em direção ao lado oposto do amor que queima plantações inteiras de possibilidades e é tão pequeno que nele mal cabe a grandeza de minha existência. Disseram-me que sou grande demais para ousar amar sem me adequar ao que querem de uma mulher, e eu devolvo respondendo que o amor precisa ser mais do que adequação, submissão e anulação. Como pode a mulher ser amada sem poder queimar o que lhe fere? Como pode o corpo ser o que aprisiona, e não o que liberta? Como pode ser o amor matéria da ignorância, e não da coragem? E ela, a coragem, é substantivo feminino. Se sou imensa, que eu caiba em lugares e amores que me sobrem leito e que todo corpo vitalmente grandioso negue o amor inventado nas bocas miúdas.

para os dias em que seu coração quiser se *apequenar*:

*você fez o que pôde e, por hoje, já é o suficiente.
aceite que nem sempre você precisa dar conta
de todo o resto, pois existem dias que você vai
precisar dar conta só de você e que você também
precisa de cuidados.*

*sabe a bondade e a sensibilidade que você tem
quando diz "eu entendo" aos outros? quando
você dedicará as mesmas bondade e
sensibilidade a si mesma? quando você vai
começar a dizer "eu te entendo" ao se ver
refletida em um espelho? você é farta de tudo
que há de bom e eu lamento que tenha
aprendido que esse cuidado só se tem da porta
para fora. então feche essa porta, feche as
janelas e brinque de casulo um pouco.*

dê mais atenção ao que te fere a alma e o coração. eu sei que hoje você quer se demorar na cama, que ela parece o único lugar seguro no mundo e que você, como uma criança, não tem pressa para se levantar. mesmo assim, dê mais atenção ao que te fere a alma e o coração. conversa consigo mesma, pega na tua mão, se pergunte onde dói tanto, mas não ignore o que anda sentindo.

você está indo bem, querida. e tem feito um bom trabalho consigo mesma. lembre-se disso na próxima vez em que seu coração quiser se apequenar.

o que eu diria para a minha criança ferida

você não é inadequada e não tem nada de errado com o seu corpo. muito menos com o seu cabelo e ainda menos com o seu nariz. eu sei que você se sente como um peixe fora d'água, como se nada nem ninguém pudesse te compreender. sendo sincera, só existe um lugar nesse mundo que consegue te compreender e eu também sei onde é. toda vez que se sentir assim, como se o mundo fosse grande e pequeno demais para você estar nele, lembre-se desse lugar. lembre-se de que você tem as maiores das companhias e, ainda que muitas vezes não consiga as enxergar, elas estão sempre lá. lembre-se de como o seu corpo dança quando o couro do tambor começa a balançar e que seus pés bailam quando é o jejê que toma conta do salão. lembre-se do teu peito em chamas quando é Oxum que chega ao mundo e o perfume de lírio doce se espalha pelo ar bem na sua frente e do quanto você adora esse cheiro. não se esqueça de como lá você pode ser quem você é e que é celebrada por isso, de como você é inteiramente amada com inocência e doçura, de que você foi escolhida para ser exatamente o que e quem você é e que sabe como é sentir o amor genuíno do seu Orí, do fio de cabelo até a planta dos pés. você ainda fecha os olhos e imagina seu corpo, sua pele e seu cabelo diferentes? então, imagine que estou pegando nas suas mãos pequenas e em seus dedos, que tanto já sabem escrever, e olhe bem nos meus olhos, pequena. ouça com atenção as minhas palavras. chegará um tempo em que o medo se dissipará e você andará firme pelas ruas, como quem é dona de si e do próprio caminhar. você se sentirá imensa de tudo que há de bom, inclusive de amor, o próprio. você encontrará mais lugares onde não tenha que se desculpar por ser quem é, onde será enaltecida em voz alta e tudo será colorido, como um arco-íris despontando no céu depois da chuva. os dias terão encantamento e a rua te fará companhia, pois você entenderá que seu lugar é na rua para ser vista, o tempo de se esconder acabará. acredite, pequena: você merece todas as coisas boas da vida. você está ferida agora, mas, saiba, suas feridas serão curadas com mandinga boa de acreditar e fazer.

a gente poderia
ter sido muita coisa
mas que bom que
não fomos

prefiro morrer no *e se*
do que esperar até que
você decidisse me matar
com tudo aquilo
que você não é

Das partes que sangram

Ela sabe que ele vai embora porque mais cedo ou mais tarde todos vão. É uma história que se repete; tudo começa igual e termina pior do que da última vez, e a última vez é sempre devastadora até a próxima chegar. Todos sabem que ela é incrível e todos se apaixonam por ela exatamente pelas mesmas razões. Uns veem primeiro o sorriso capaz de iluminar cidades inteiras, outros começam a se encantar pelas boas palavras que saem de sua boca, e aqueles que gostam de seu magnetismo e o fato de nunca ser ignorada nos lugares. Todos querem um pouco do que ela tem, como se ela fosse fonte inesgotável no meio de um deserto. Todos sentem sede de algo que só ela pode dar. E ela dá. Ela se diverte com toda essa veneração e sabe que merece por ser consciente de si, entendendo que tudo isso é justificável. Mas ela também sabe que todos eles desistem antes mesmo de tentarem entendê-la. Ele é mais um nessa pilha de gente que vai fugir e correr para bem longe ao menor sinal de que ela está sangrando. Ela sabe que é impossível esconder por tanto tempo o quanto ela é quebrada na mesma medida que é incrível. Ele parece ser alguém capaz de compreendê-la e amá-la mesmo quando ela não pode ser luz, parece ser alguém que não vai se amedrontar quando ela começar a sangrar bem na frente dele. Mas, até então, todos parecem iguais. Ela nunca o fez prometer que ele ficaria, achava um ato desesperado demais fazer alguém prometer que vai ficar apesar de alguma coisa mesmo que ela quisesse desesperadamente que ele ficasse. E ele também nunca prometeu que ficaria, mas também nunca fizera promessa alguma. Ele se ocupava em permanecer e ela gostava da permanência dele. Até que ela sangrou. Sangrou tanto que o sujou inteiro dos pés à cabeça. Foi muito feio. Dessa vez, ela não conseguiu esconder por tanto tempo que dentro dela também habitava uma escuridão, não conseguiu segurar por tanto tempo a vontade que ela tinha de escancarar seus tortos pedaços internos. "Pode ir embora", ela disse, como quem expulsa e, ao mesmo tempo, implora para que não vá. "Se você não for, eu vou", ela reforçou, como quem avisa e, ao mesmo tempo, fica inerte. Ela no chão, caída e envergonhada, parecendo um anjo sem uma das asas. O sagrado e o profano. Dos olhos escorriam lágrimas, o corpo tremia e as mãos se apertavam em súplica, medo e desespero. Ele em pé, impassível, como quem toma tempo demais observando um sofrimento. Ela emudeceu, perdeu a voz, fechou os olhos e decidiu que só os abriria de novo quando ele já não estivesse mais ali. Ele permaneceu. E permaneceu. Ela não voltou a abrir os olhos, em vez disso adormeceu querendo esquecer que tinha sangrado, que tinha se mostrado tão quebrada, tão torta, tão ela. Quando acordou de um sono que parecia não ter fim, ele estava lá, ainda estava lá e, para a surpresa dela, em seu rosto não tinha uma sombra de pressa para fugir. Nele havia uma coisa maior que ela não conseguiu identificar, não sabia como reagir, pois nunca havia chegado a essa parte. Ele ficou, não se amedrontou nem fugiu. Ela quis perguntar por quê, quis assustá-lo avisando que aconteceria de novo, que falharia, que sangraria. Ele não disse uma palavra desde que ela começou a sangrar, não fez uma pergunta, não emitiu nenhum som. Ela tinha muitas perguntas, mas nenhuma coragem para ouvir as respostas. Ele a olhava com olhos de alívio e ela não entendia como ele não notava o perigo que corria, mas o que ela não sabia é que, quando sangrou, foi como se o tivesse libertado para sangrar também. Ele tinha sombras e partes quebradas, tinha pavores e desesperos e tinha medo de que ela de repente desaparecesse. Ele nunca a fez prometer que ficaria mesmo querendo desesperadamente que ela ficasse. E, quando ela sangrou, ele a viu tão gente e tão ela que decidiu ali que não iria embora. E os dois permaneceram assim, em um silêncio revelador. Ela revelando que não poderia mais se esconder e ele revelando que não haveria mais últimas vezes.

Amores autorais

Eu não te conheço de verdade, pelo menos não completamente. E você sabe que cobrei de você que me compreendesse inteiramente e de mim que te entendesse completamente. Briguei comigo mesma em silêncio, pensando em todas as pessoas que também tinham te observado com a mesma admiração que te observo. Briguei com o meu ciúme, pois para mim era inadmissível que você tenha se dividido com outras pessoas, que esses outros alguéns também tiveram a chance de te conhecer como eu. Me pergunto o que de exclusivo de você que também pode ser meu e sofro admitindo que a resposta para a minha pergunta é um grande e sonoro *nada*. Os amores são o que são justamente porque são únicos, o que eu vejo de você tem uma certa autoria e, se outros te viram ou verão, não posso proibir que te conheçam. Afinal, o que sei de ti é meu, já que ninguém te observa como eu te observo, nem eu posso te observar com uma delicadeza que não é minha. E assumo que nunca vou te conhecer a ponto de saber quem você é porque você é uma infinidade de universos que jamais seria leviana de tentar mensurar. Para cada amor que se apresenta, você oferece um pouco de você. Foi assim com a gente; me encantei com o jeito sério que você fala das coisas, com o tom grave da sua voz e até mesmo com o seu dançar fora do ritmo, que tinha um pouco de charme e de estranheza. Sempre gostei da sua quietude de fazer as coisas. Pude te olhar em mil versões, te fitei em cada uma delas e foi como se meu corpo te fotografasse em cada momento querendo guardar uma lembrança desses teus mil jeitos bem no fundo da minha alma. Te dei tanto de mim que me pergunto baixinho se você quis mesmo tudo isso. Eu quis tudo de você, e hoje sei que é impossível ter tudo de você, assim como é impossível querer te dar tudo de mim. Impossível. E dói esse saber, viu? Dói admitir que somos seres tão errantes e que não podemos saber tanto de alguém pela complexidade do que somos no amor e no amar. Eu te amei e acho que ainda te amo, na verdade. Só não sei se te reconheço ainda e é isso que me preocupa. Para ser sincera, isso também me fascina. Como pude conhecer até o seu jeito de olhar e hoje já não consigo te ver olhar para mais nada? Como pude contar quantas pintas moram nas tuas costas e hoje já não sei se você ainda usa a mesma colônia depois do banho? Como pude aprender as suas músicas favoritas e hoje já não sei mais qual é a sua playlist do momento? Já não sei mais se te sei tão bem assim. Você sabe de mim? Soube algum dia? O amor tem dessas; sabemos o jeito torto que o outro anda pelas calçadas irregulares, até não sabermos mais. E isso significa que o amor acabou? Hoje, prefiro pensar que não. O amor é autoral, tem seu próprio arranjo e melodia, e nós tínhamos a nossa própria canção. Ela não simplesmente parou de existir, só de tocar. E eu sei que de vez em quando você anda por aí cantarolando-a em tom saudosista. Eu também, admito. E é nessa autoria do amor que quero me deitar, rolar e dormir. Me acalma o coração ser mais sincera e confessar, aqui, para você, que eu estive errada. Fui pequena quando acreditei que eu poderia ser a única a te conhecer, e eu sempre soube que nadei em imensidão. A sua imensidão. Eu tinha razão quando sabia o que te acontecia pelo tom da tua voz, mas não posso ser a única. Você é tanta coisa, tem mil e um jeitos, e sinceramente? Todo mundo merece ter um pouco de você. Todo mundo merece viver um amor autoral com você – nós vivemos o nosso. Nossa canção não deixou de existir e nunca poderia, é a nossa história sem jeito, sem vergonha e sem receios. O que foi nosso sempre será hoje, aqui ou agora e no depois, no bem depois. Viverei outros amores autorais, não iguais ao nosso, pois cada amor tem seu próprio encantamento. O nosso foi de matar. Os outros também serão, só que de outro jeito. Se te amei, que seja eterno na eternidade que fomos. A finitude também faz parte da melodia dessa autoria de amar que fizemos. Se me amou, minha alma sentirá pela eternidade que também finda. E findou. O que seria do amor sem os fins?

Os amores são o
que são justamente
porque são únicos.
O amor é autoral;
tem seu próprio
arranjo e melodia.

PARTE 2

LIVRE PARA SER INTENSA

Eu costumava achar
Que minha intensidade
Me tornava fraca

Mas depois entendi
Que minha intensidade
É o que me mantém viva

É necessária muita coragem para se entregar ao sentir
Eu sou uma mulher corajosa
E não peço desculpas por isso

– *Livre para ser intensa*

Emocionada ou bem resolvida com o próprio sentir?

Me pergunto desde quando a dinâmica dos relacionamentos passou a ser a dinâmica invisível dos sentimentos; é como se, para dar certo, a gente precisasse mascarar o que sentimos pelas pessoas, como se ninguém pudesse saber o que nos bambeia as pernas e faz o coração se confundir com uma bateria de escola de samba. Talvez seja por isso que tem tanta gente com medo de sentir, de adoçar a própria boca com boas palavras de amor e de adoçar outras enquanto, por dentro, tudo salta do coração. É triste, não acha? Que tenhamos chegado a este ponto, onde todo mundo vive de coragens pela metade, onde o copo, que antes era meio cheio, agora está meio vazio. Parece que nos alimentamos de primeiros encontros que nunca têm fim, em que, em vez do jantar, é servido um prato cheio de joguinhos psicológicos pelo menor valor do cardápio. Não nos ocupamos com os olhares sinceros porque já estamos sobrecarregados guardando ressalvas do que nem foi dito. Assim, fica proibido expressar qualquer tipo de bem-querer, o sentimento que se derrama inocente significa um alerta vermelho. Desde quando sentir se tornou tão perigoso? A gente se acostumou com as metades de nada, assumimos que é certo não falar sobre o que nos alegra os sentidos e que errado mesmo é demonstrar. Talvez seja por isso que mulheres como nós são chamadas de emocionadas por aí. Como se quisessem nos fazer sentir vergonha do que somos e do que sentimos. E eu confesso: por muito tempo, tive medo de me deixar derramar, escondi o brilho dos meus olhos, deixei de dizer coisas doces, abandonei meu coração em uma esquina porque queria me encaixar nessa dinâmica invisível dos sentimentos. Ofereci pouco, tive pouco, mas nunca deixei de sentir sede. Meu corpo se desfazia em poeira toda vez que, por receio, eu deixava minha intensidade se apagar. E se eu for demais? E se meus sentimentos forem intensos demais? E se minha intensidade for o meu mártir? Essas perguntas ocuparam um lugar gigantesco dentro de mim, como monstros adormecidos que se alimentavam lentamente da minha carne, insaciáveis. Ocuparam um lugar de certeza que me convencia de que eu era coisa demais para qualquer par de olhos se encantar. Meu jeito imenso de amar precisava se apequenar, diminuir ao tamanho de um átomo e se tornar incapaz de incomodar os medrosos. E eu, em contrapartida, precisava me entregar a qualquer par de mãos trêmulas demais para segurarem toda a minha grandeza. Desde quando os relacionamentos se tornaram campos de batalha? Há quem diga que o amor é uma conquista, mas ouso discordar dessa afirmação. O amor, antes de tudo, é corajoso. É corajoso porque se veste de liberdade, tem coragem de se libertar de lógicas limitantes, se desfaz de certezas incertas e das meias-palavras. O amor enxerga a beleza da vulnerabilidade. E é nessa vulnerabilidade que a emoção se faz, forjada com sinceridade em meio a tanto esconde-esconde. Ser vulnerável é o que torna o amor grandioso. Ser bem resolvidas com o que sentimos nos faz ser colocadas como emocionadas, mas nunca como corajosas, já percebeu? Teimamos em deixar nosso peito livre para se emocionar, reunimos nossa coragem de viver amores em tempos em que a indiferença é quem dita as regras e, mesmo assim, nunca somos chamadas de corajosas. Ainda que sintamos medo de deixar que os sentimentos se derramem para fora da gente, escolhemos, por bem, não anestesiar o sentir e, por isso, deveríamos sim ganhar o título de *corajosas*. Com letra pintada a mão e tapete vermelho, pelo qual desfilaríamos com nossos vestidos de cor vermelho-coragem e dançaríamos livres com um quê de quem se mostra inteira. Ter a capacidade de assumir o que se sente deveria ser visto com bons olhos, uma glória, uma virtude. O afeto é cura potente, movimenta montanhas cinzentas estagnadas e as transforma em vales iluminados. Desejo um amor corajoso para me engrandecer, desejo amar com grandeza para que também se engrandeçam. Penso que o amor é como uma casa iluminada no subúrbio, onde o sol invade pelas janelas grandes e faz suas sombras parecerem obras de arte nas paredes. Aconchego. Quero me aconchegar na emoção, estar viva de viver de tanto sentir. E quero ser emocionada sem pedir desculpas por isso, mergulhar de corpo inteiro sem ter medo do que vão achar, molhar o que tiver que molhar. Todo mundo merece relações em que o seu jeito de amar seja o que encanta, não o que espanta. Se sou intensa, quero arder sem que queiram me apagar. Ser uma mulher-fogueira sem receio. O amor não tem um pouco disso? Queima se for preciso e, depois, afaga. A gente que deu o nome de paixão.

Sejamos intensas sem medo de sentir e quem escolher as metades de nada que se contente com o pouco. Somos mulheres de muito e muito seremos.

O amor, antes de tudo,
é corajoso.
É corajoso porque
se veste de liberdade,
tem coragem de se
libertar de lógicas
limitantes, se desfaz de
certezas incertas e das
meias-palavras.
O amor enxerga
a beleza da
vulnerabilidade.

Você vai encontrar alguém que beije as feridas que
você não deixa ninguém tocar
Permita que as suas feridas sejam curadas pelo axé de
fartura de quem não tem medo de te ver sangrar
Deixe que as suas feridas presenteiem a sua pele
com cicatrizes, elas são o lembrete das suas batalhas
vencidas

*– **Bom presságio***

Tudo o que você sente importa

Sabe quando a gente se sente pequena diante da magnitude do que sentimos? Em um desses dias que me vi pequena demais, fazia um sol quente lá fora, mas aqui dentro era tudo gelado. Sem o calor de um abraço, sem olhos molhados de carinho para me enxergar, sem uma mão terna que me afagasse os cabelos, tive vontade de sumir, fazer alguma falta, ver se alguém iria perceber que tinha algo me faltando. Você já teve um dia desses? São dias que nem a nossa música favorita é capaz de erguer o corpo e nenhuma água aparta a força do que precisa ser sentido. Nesses dias, eu tinha o costume de me ignorar. Eu, que sempre fui de me olhar no espelho, evitava me encarar. Fazia de tudo para não entrar em contato comigo mesma. Fugia de mim, me descartava como companhia porque queria que a salvação viesse de outro lugar, outra pessoa. Nesses dias eu apenas esperava, longa e silenciosamente, como quando éramos crianças e ficávamos ansiosos para ir ao parque, mas então caía uma chuva torrencial. E, com os olhinhos miúdos fitando a janela, tínhamos a esperança de que a chuva sumisse num passe de mágica. Lembra? Mas, assim como nesses dias em que a chuva nunca cessava, a minha espera permanecia longa, pesada, inerte. E eu esperava mesmo sabendo que ninguém bateria à minha porta. Parecia mais fácil esperar pacientemente do que dar ao meu corpo o que tanto ele me pedia. E, de tanto ignorar o que me pesava o peito, não teve jeito, desaguei sem freio. Parecia tromba d'água, um perigo. Evitei o meu reflexo o quanto pude, o que só acabou por atrasar o que exigia ser admitido: eu precisava de mim. Precisava de mim inteira, pronta para me abraçar e deixar doer. Eu esperei que alguém viesse me salvar, desejei que encontrassem a cura para a minha dor sem que eu tivesse que procurá-la e não percebia que a cura de que eu precisava deveria ser macerada por minhas mãos.

Há uma beleza genuína em acolher os próprios sentimentos, em sentir sem o medo da intensidade pesando as costas, porém esquecemos aquilo que nos rasga o peito e que merece tanta atenção quanto o êxtase dos sentidos. Parece mais fácil ser gentil consigo quando os sentimentos lembram fogos de artifícios, mas e quando o que sentimos vem de um lugar que nos causa dor? O peito pede por atenção e nós deixamos que se afogue, que se perca dentro da gente. E é justamente nos momentos de caos que mais precisamos do nosso colo, é quando as feridas estão abertas que precisamos abraçar o que sentimos com carinho, pois acolher o próprio sentir também passa por se cuidar nos momentos de dor. Precisamos olhar para nossas sombras sem um olhar de dureza, e sim com os braços esticados para um abraço. E precisa de uma certa coragem para se encarar de frente e lidar com essas dores que tanto precisam de atenção. Esse ato de autocuidar-se mora em escutar com tato aquilo que nos fere, em entender por que dói o tanto que dói, por que essas dores emocionais ficam dentro do peito, presas, gritando, querendo sair. E a gente precisa permitir essa saída, escancarar essa porta que insistimos em deixar trancada. Tudo o que você sente importa e eu sei que é difícil se convencer disso vivendo em um mundo onde somos ensinadas a não lidar com o que levamos dentro. E escolher sentir, sentir tudo, das dores aos amores, é você escolhendo a si mesma e indo em direção a um caminho florido de cura. Escolha sentir você mesma. Sempre.

quando me encontrares na rua
finja que não me conheces
subitamente te esqueças
de quem um dia fomos e lembre-se
daquilo que nunca seremos
não me olhe com esses olhos famintos
já não tenho nada mais para te dar

quando me encontrares na rua
não te demores a trocar de calçada
ou a sumir do meu horizonte
simplesmente continue teu dia
olhe as horas no relógio
só para ter certeza de que é o fim

quando me encontrares na rua
apenas me encontres
mas nem por um minuto
acredites que eu quis te encontrar
pois o que quero
você nunca soube dar

loucura de amor

eu sempre gostei de amar intenso, como se toda vez fosse a última, como se meu sangue precisasse do glóbulo da intensidade para me manter viva, com o coração batendo mais forte, rápido. dia desses, fez um céu cinza cor de chumbo e parecia que tinha peso no ar. eu, que sempre fui solar, coloquei um vestido florido, meu *all star* amarelo e amarrei um lenço no cabelo. nos meus fones tocavam só as mais românticas e, ainda, todas aquelas que você costumava cantar para mim. é que em mim ainda tem muito de você, mas me pergunto se você carrega alguma coisa de mim. ontem me lembrei daquele dia no bar, a chuva caía brava do céu, como se estivesse tentando castigar a cidade por não ter aproveitado quando ainda tinha sol. eu e você dividíamos a mesa de plástico com logo de cerveja na calçada e em cima da mesa havia um maço do seu cigarro quase no fim, alguns poucos amendoins e as juras de amor que fazíamos um ao outro. recordei que, quanto mais a chuva caía, mais a gente ria pensando na volta pra casa. foi nesse dia que você me pediu pra ir pra casa com você e não ir embora mais, lembra? e eu fui. esqueci metade das minhas coisas, não peguei todas as minhas roupas, ou meus livros de poesia favoritos, mas levei meu coração na mão pra poder te entregar antes mesmo de colocar meus pés dentro de casa. "toma, é teu", foi o que eu disse. e você, como se de repente tudo ficasse escuro, demorou tempo demais pra estender as mãos e pegar o que eu estava te entregando. ignorei solenemente a sua demora, disse para mim mesma que não era nada, é que eu sou coisa demais de se pegar assim de surpresa. cheguei querendo mudar tudo de lugar: colorir as paredes da sala, colocar uma cortina cor de creme no quarto, comprar uma televisão maior e espalhar plantinhas pela casa toda. queria um toca-discos pra gente dançar ouvindo gil, naqueles sábados de sol antes e depois de ir à feira. cheguei ocupando todos os espaços e me ocupei de cuidar de tudo também. queria estar também dentro de você, pra gente ser uma coisa só, simbiose. é que estar com você já não me bastava, precisava de mais e cada vez mais, queria cada centímetro seu junto a mim, e você, me olhando com cara de quem sabe o perigo que corre, também quis. até não querer mais. quanto mais eu ocupava os espaços que você me convidou pra ocupar, mais ausente nesses espaços você se tornava.

as flores que a gente comprava na feira e costumavam te florir por dentro começaram a murchar mais rápido, as pétalas mortas caíam no chão e rolavam com o vento pra lá e pra cá. você parou de assobiar e cantarolar nas manhãs de sol, parou de sorrir quando me via entrando em casa e parei de ouvir sua voz chamando meu nome pra me mostrar qual borboleta tinha entrado pela nossa janela. aquilo que era nosso passou a ser meu ou seu. não sentávamos mais à mesa, não dançávamos mais, não ríamos alto antes de dormir e eu nem sabia mais qual era o gosto do teu sorriso. e assim você foi me expulsando da casa que me chamou pra morar. sem alarde, sem brigas, sem palavras. você me matou lentamente com a ausência. minha presença intensa murchou quando percebi que você me deixou com o peso do não dito. você saía pela porta e me deixava sozinha com mil perguntas. os espaços que você deveria ocupar foram preenchidos pelo seu silêncio criminoso. eu enlouqueci e passei a implorar, queria uma palavra ou uma briga que fosse, queria te ver perder o controle e vomitar tudo aquilo que sentia – e não dizia – por mim. cheguei a desejar que me odiasse, porque até mesmo o ódio consegue ser melhor que o vazio. é como se você tivesse deixado de existir; teus lábios insones tocavam os meus de forma fria, tuas mãos preguiçosamente percorriam meu corpo e você já nem me olhava mais nos olhos. foi pior do que dizer que não me queria mais. o que você fez se parece com a morte, a minha morte. você me deixou lá pra morrer, pois eu não sobrevivo sem as palavras. quando você hesitou em pegar meu coração, eu soube, te falta muita coisa, principalmente, coragem. foi a sua covardia que acabou comigo e eu morri no silêncio sem um fim declarado. você não soube dizer, mas eu li nos seus olhos, estavam lá. e agora o que fica entre a gente é a distância. eu já não estou dentro daquela casa e você já deve ter outra pessoa pra ocupar o lugar que nunca foi meu. minha intensidade costumava ser o seu deleite, "como você é destemida nessa coisa de amar", era o que me falava. eu te convidei a aprender comigo a matéria do destemer do amor, mas você preferiu emudecer a admitir que jamais aprenderia. deixa, eu admito por nós dois.

***Me mostra a tua parte quebrada,
eu não tenho medo de ver***

Me mostra a tua parte quebrada, eu quero ver o que não é tão bonito assim. Desejo tocar no teu descontrole, quero ser apresentada aos monstros que se escondem debaixo da tua cama e talvez cantar uma canção de ninar para eles. Quero te ver cinza-concreto, teus lados pontiagudos, aqueles que cortam e dilaceram. Teus olhos escuros – pelos quais eu, que nem sei nadar, quero me afogar – têm uma profundidade difícil de decifrar, deve ser porque você é um mar de tanta coisa. É que o amor também profana. E há tantas rachaduras em mim que você consegue reconhecer que também há rachaduras em você. Quando foi que algo em você se quebrou? Posso juntar os teus cacos e tentar colá-los. Ou então posso jogar tudo fora, eu até prefiro. Você fica tão bonito quando se mostra sem as mil ataduras que mal cobrem tuas cicatrizes; é que eu gosto do quanto você é gente e gente é ferida. E as tuas, que são tantas, não me assustam; se dependesse de mim, eu as lamberia todas, como lobos em alcateia quando um deles se fere. Você é meu lobo ferido que não sabe disso ainda, é uma parte quebrada que se parece com as minhas rachaduras, como vitrais de uma igreja antiga onde o sol e o vento disputam sobre quem vai invadir primeiro. Quero te invadir como nunca quis invadir nada, por ti me faço vândala, profano o amor e quero que o amor me profane. Por ti, posso ser a vilã, a inconsequente, pois desejo que você perca o controle quando a matéria do dia for eu. E sinceramente? Que eu seja a matéria de todos os teus dias, ocupe todos os horários. Sei que você deseja o mesmo. Teus olhos não mentem, sabia? Atrás dessa sobriedade, existe loucura, você é que não a libertou. Sou paciente e como pelas tuas beiradas, posso esperar que aos poucos você se desamarre do que te prende e enfim mostre tuas garras enormes. Minha pele está aqui para você cravar. E eu sei que parece loucura, mas o amor não tem muito disso? Aquilo que não me enlouquece não me interessa, e você, meu bem, me enlouquece muito.

o amor mora em uma certeza
seja a de ficar
a de ir embora
ou a de que não é amor
ainda assim é um *sim* gigante
e não uma dúvida miúda
no amor não há espaço pra dúvidas
de sim ou talvez
pode dar medo de amar
pode dar medo do que vem depois
mas não a incerteza
o amor não combina com o não saber
o amor é aquilo que a gente sabe que quer
que escolhe querer até quando não quer
o amor é algo certeiro demais
pra se deixar crescer uma dúvida
é uma flecha só cravada bem no meio
do peito que cessa
todas as dúvidas sobre se
era amor antes ou não
porque agora é

Espaço seguro

Não me arrisco a definir o amor, me acho pequena diante da grandeza do que ele é. Poderia escrever até o fim de minha vida sobre o tema e, ainda assim, não chegaria nem perto de defini-lo. Mas acredito que o amor é encontrar um lugar seguro para existir. E no existir reside uma beleza humana entre brilhar e sangrar. Poder ser quem se é, poder mostrar o que ilumina e o que se esconde sem que isso nos defina por inteiro, poder errar ou ferir, se refazer, admitir os excessos, exagerar nos acertos e, mesmo assim, germinar o amor como se fosse grão. Os desamores é que nos deixam reféns de expectativas fantasiosas do que devemos ser ou esperar, como se o amor fosse matéria de exatas que sempre fecha em um cálculo perfeito. E o amor nada tem a ver com perfeição. Na verdade, quando a gente ama, se coloca em um lugar de disponibilidade para lidar com as nossas partes quebradas e as partes quebradas do outro, o que fere, o que está machucado, o que ainda dói. Procurar e criar esse espaço seguro para que a gente consiga existir e que o outro também se mostre sem as barreiras de proteção é como convidar a vulnerabilidade para se sentar à mesa. Discordo das definições que dizem que o amor é um mar de calmaria; amar é, sobretudo, uma construção de subjetividades muitas vezes doloridas que se escolhem e, eventualmente, se chocam. Seja por dores comuns ou discordantes, seja por tocar em partes ocas nossas ou do outro, seja por entender que o que te falta também falta no outro, amar é escolher amar tendo consciência de que somos pessoas complexas e que nossas complexidades coexistem nesse ecossistema. Não acredito no amor em que as partes feias não estejam valsando com as partes bonitas, não acredito no amor que não se aprofunda nas feridas.

Para as mulheres de coração imenso

Não anestesiar o sentir para não afogar
na própria correnteza.

O meu sentir é cachoeira, nunca vai secar.
Existe beleza em se permitir desaguar sem pedir
desculpas por molhar aquilo que é seco. São essas águas
que me livram da obrigação de ser forte e trazem-me,
junto à correnteza, a chance de ser vulnerável.

Um dia, observando bem o meu rosto, percebi que tenho duas marcas embaixo dos olhos. Como se eu tivesse chorado por horas e as lágrimas tivessem marcado meu rosto para sempre. Às vezes, gosto de acreditar que nasci marcada para chorar. Chorar significa que eu estou viva, viva de viver. Aprecio o espetáculo que faço quando me emociono, e eu me emociono sempre. Sou intensa, emocionada. Íntima, perversa. Não me envergonho, não me diminuo, não paro. Minhas lágrimas têm peso, cor, gosto, de uma mistura de tudo aquilo que me permito sentir. E gosto de quem chora a vida. Meu peito carrega um estoque de gotas que se derramam toda vez que sinto tão forte a ponto de desaguar. Sou cachoeira intensa, brava de se ver. É difícil prender um rio que corre para a frente. Sou a pedra que corta o pé de quem não sabe andar sobre as águas. Sou os respingos das gotas de água. Sou a água que corre entre as pedras. Sou as lágrimas que caem dos meus olhos toda vez que sinto a vida tomar conta do meu corpo. Minha alma conclama quem sabe se derramar. Sou *Olhos d'água,* de Conceição Evaristo. Sou Oxum que chora e abraça seus filhos. Sou a força do peso de uma lágrima. Não me demoro com quem não vira rio de vez em quando.

Sou sempre queda de cachoeira, nunca vou secar.

Não me envergonho,
não me diminuo,
não paro.
Minhas lágrimas têm
peso, cor, gosto,
de uma mistura de
tudo aquilo que
me permito sentir.
E gosto de quem
chora a vida.

é do meu afeto
que deságua a força
da minha existência

querida, por que você entrega tudo de si tão facilmente?
você entrega seu coração em mãos que têm medo do
teu pulsar esperando que compreendam a tua grandeza
no amar. eu sei, querida, permiti muitas vezes que
carregassem minha intensidade esperando o mesmo,
mas aprendi dolorosamente que, para amar uma mulher
que se entrega, é preciso coragem. não essa coragem
repentina que temos quando somos jovens, que não
pensa nas consequências. e sim a coragem com intensão,
consciente de que o amor só existe como verbo de ação.
a liberdade de ser intensa é a sua salvação e você não
deveria convidar para o aconchego da sua alma aqueles
que temem a verdade dos sentimentos. te vejo grandiosa
e te vejo se apequenar. você não percebe, querida? toda
vez que permite que apaguem teu furacão, você também
se diz silenciosamente que o amor mora na miudeza.

e você merece pouco?

afeto é aquela mandinga bem rezada, um banho doce
de mel e perfume, rosa branca. É "Oceano", Djavan.
não se perca, querida. entregue sua inteireza para
quem também tem uma inteireza para compartilhar.

Oxum

Tudo fica meio água, mãe
Quando me toca as pálpebras
Com beijos de água gelada
E sinto o sol se deitar em meu rosto
Te sinto doce com o gosto
Te sinto pedra no fundo do rio
Te sinto forte como a queda rasgando
a pedreira e desaguando na correnteza de uma cachoeira
que só corre para a frente

Tudo fica meio água, mãe
E eu quero me molhar
Também quero beber, matar em mim a sede
Pra me nascer fonte
Me pega no colo, mãe

Te sinto no baile dos meus sonhos
Quando encosto a cabeça no teu peito farto
E molhados meus olhos ficam
Já não sei se é água ou se é lágrima
É que com a gente é meio água, meio choro

Te sinto, mãe
Quente, fervendo e não me queimo
Me desfaço em água corrente, correndo
pra ti
Quando amo, se amo, é como mel
Adoço as bocas de quem me quer
Lambuzo a pele de quem se entrega
Mas também sei queimar quem tenta prender
meus ventos

Quando vento, se vento, é ventarola
Tiro tudo do chão só pra poder reconstruir depois
Aprendi contigo, mãe
Tuas águas me lavam, lavam, lavam
E não quero me secar
Te encontro no fundo do rio, serena

Tudo fica meio água, mãe
E eu me derramo
É que a gente tem de achar que nossos braços
abraçam o mundo
E nossas águas curam o todo

Dança o Ijexá, dança comigo
Na magia dos nossos quadris
As feridas vão sendo fechadas
Beijadas com água gelada
Lavando, curando

Tudo fica meio água, mãe
Me fizeste queda de cachoeira, nunca vou secar
E quem não souber nadar
Que aprenda

Tô esperando você me convidar pra um samba
Me chamar pra dançar com você
Cansar nossas pernas até mudar o compasso
E beber cada gole de cerveja como se fosse o último

É que a cerveja tem um pouco de você, meu bem
Minha boca adora te provar
Sinto meu corpo flutuar quando te engulo
E só sinto mais sede

Me deixa me demorar em você
Vamos ser enredo
Mestre-sala e porta-bandeira
E deixar mais uma vez o nosso samba passar

Na avenida, Sapucaí
Esquenta da bateria
É que os nossos corpos têm um quê de repique
E minha pele parece tamborim nas suas mãos

Canta comigo, meu bem
Samba exaltação da Portela
Eu nunca vi coisa mais bela
Do que seus olhos acastanhados encontrando
A escuridão dos meus

Vem, vamos ser o samba campeão
Digno de nota, unanimidade
A cadência dos meus quadris se encandeia pra você
E eu sambo enfeitiçada querendo te ter
Só pra mim

– *Você é o enredo do meu samba*

Se me perguntarem o que é o amor, saberei responder

Amor é quando você aceita que há beleza
na vulnerabilidade que existe em deixar seu
coração bater em outro peito
Amor é quando você permite que o outro
se derrame inteiramente sem ter medo dos
próprios sentimentos
Amor é quando você enxerga a sua inteireza e
percebe que não precisa que te completem
Amor é desistir do que não vinga e escolher
regar suas próprias terras

O amor é juntar as solidões, arredar os móveis e dançar.

Encantamento

tenho uma ânsia por sentir o encantamento das coisas a cada canto que vou e acredito que tudo pode ser encantado. a gente é que tem a estranha mania de achar que só as coisas grandes têm beleza. e a grandeza é um conceito frágil demais. o amor se parece com encantamento; é um encanto que tem de ser compartilhado. se não for, morre. e, da morte, o amor não escapa.
da boca de quem ama, escoam as boas coisas de falar e nelas mora a magia do amor. é a capacidade que temos de amar com as palavras, de se dar por inteiro e de amar com a força de mil ondas gigantes. intensidade.
procurar por esse encanto em tempos de desamor é o que me mantém viva e sã; como se eu fosse uma planta nova, recém--plantada, é esse encantamento que me rega. medo tenho de quem não consegue enxergar esse encantamento na vida.

o que te encanta? que gosto tem o teu deságuar de emoção? o que aguça os teus sentidos? o encanto que tanto procuro se parece com o esquenta de uma bateria de escola de samba, que ecoa o samba-exaltação pela avenida inteira e gente de todo tipo se deságua. também se parece com o transe e o privilégio de ver um orixá em terra. é a criança que dança ao som do couro do tambor, é o bailar dos caboclos. o que tanto procuro e desejo se parece com tudo aquilo que arrepia a pele e oferece o prelúdio de estar vivo. existir não basta, preciso sentir a vida beijando por debaixo de minha pele e arrepiando minha nuca. preciso estar em contato com aquilo que me emociona, aquilo que me torna quem eu sou. talvez você se pergunte por que anda tão perdida, sentindo que algo se esvai do teu peito e que nada brilha em você há um bom tempo. e talvez, só talvez, você tenha perdido esse tipo de encantamento de que tanto falo. ou talvez o contrário: será que tomaram de você? aprendi uma magia valiosa quando me tomaram o meu encantamento e hoje sinto quando o mesmo se passa com o coração de outra mulher grandiosa. e por ter tomado o meu encantamento de volta, como quem rouba rosas vermelhas de um jardim que ninguém tem tempo de admirar é que te digo que o que você precisa é de um pouco de você. doses doces de você. como quem quer se pegar no colo e ninar, como quem tem vontade de se abraçar, como quem precisa de si mesma.
e se ninguém quiser te devolver aquilo que é teu, inventa um novo. guarda esse segredo do mundo e só divide o teu encantamento com quem tem um encanto para te dar.

o amor, seja ele qual for, precisa daquilo que borbulha o sangue, fervedouro. tudo aquilo que não te torna ainda mais encantada não te serve, ainda que você já tenha se apagado na esperança de que o encanto do outro nascesse. e, da próxima vez que alguém te perguntar o que te encanta, você saberá responder.

o amor, seja ele qual
for, precisa daquilo
que borbulha o sangue,
fervedouro. tudo aquilo
que não te torna ainda
mais encantada não te
serve, ainda que você
já tenha se apagado
na esperança de que
o encanto do outro
nascesse.

tenho um compromisso com elas
aquelas que não estão mais aqui
e as honro quando pronuncio
em alto e bom som
que não estou aqui
para perder tempo
com meios amores

me ame inteira
me deixe ser inteira
e tenha uma inteireza para dar
pois nenhum amor
sobrevive na escassez

O mistério do amor

Há certo mistério no amor, algo que mora no indizível e no indecifrável. Aquilo que não podemos tocar na compreensão do que se é, e a verdade é algo relativo demais para se falar com tanta certeza que o outro é alguma coisa. A gente ama querendo descobrir todos os mistérios, como se somente fosse possível amar ao entender completamente o outro e ter essa descoberta totalmente nas mãos. E é aqui que a gente peca. O que é o amor senão o inexplicável? Esse desejo de saber tanto me parece mais uma competição forjada na incapacidade de amar sem controle do que um desejo de saber genuíno. Por mais que a gente odeie admitir, não somos capazes de compreender tudo da complexidade do outro, missão impossível. E penso que precisa mesmo existir um mistério que navega entre o justificável e o que não tem explicação.

O amor tem dessas de nos fazer sentir sem entender muito bem o motivo pelo qual sentimos o que sentimos, ainda que saibamos os motivos que nos fazem amar alguém. Sou suspeita para falar de amor, confesso, mas não ouso defini-lo. Amor é para sentir e eu sou apaixonada no que me faz virar a cabeça, como Alcione. Talvez esse desejo de saber tanto do outro tenha a ver com vaidade; é a falta de entendimento do quanto somos gente e gente é um poço profundo de água. Gente é complexa demais, errante demais e é preciso saber apreciar a beleza que existe nesse não saber e, ainda sim, amar.

Dia desses, precisei ser sincera mais comigo mesma do que com qualquer pessoa. Ao observar quem eu amo existir, me peguei pensando no quanto é bom se sentir livre a ponto de finalmente descobrir quem se é. E é mesmo estranho observar o outro se tornar algo novo, causa estranheza e a gente até pensa ser um problema, mas o que nos falta é admitir que, no fundo, não sabemos de tudo. Penso que amar é amar o desconhecido, amar o que ainda está oculto e me repito ao dizer que amar é uma escolha. Diferentemente de amar sem intenção, é necessária certa humildade ao escolher amar aquilo que você ainda não sabe que o outro é. Supor em excesso aquilo que o outro é, pela necessidade controladora de saber de tudo, pode acabar por matar o amor. E eu já matei.

Hoje, escolho amar o que não sei; não sei se ele me olha da mesma forma que olhou por quem já se apaixonou um dia e não sei se ele já se dividiu com alguém da mesma forma que se divide comigo. Não sei se antes ou depois de mim ele era ou será assim. Mas não importa, não mais. Sei que gosto de observá-lo sendo alguém, sendo gente. Sei que a gente tem um jeitinho único de existir junto e sei que provavelmente ele ainda tem muita coisa para ser, comigo ou não. E eu gosto mesmo de o ver sendo. Ele também não sabe de mim e eu com certeza não sou mais quem eu era antes dele. O amor tem dessas de transmutar a gente, não é? Tem partes minhas que reservo ao silêncio, longe de todo olho que pode me alcançar, e sei que, por mais que eu seja aficionada em observá-lo sendo, não sou capaz de saber tanto dele assim. E, por mim, tudo bem. Há certo mistério no amor e não o saber é o que faz do amor um mistério bom demais de provar.

Assusto quem tem medo de viver
Porque tenho fome de vida
E quem não come pela boca do mundo
Morre de âmago vazio

– ***Filha de Esú***

PARTE 3

TALVEZ ESTA JORNADA
SEJA SOBRE
CAMINHAR EM DIREÇÃO
A SI MESMA

Leia em voz alta

eu sou suficientemente boa pra mim
e da minha boca só sairão boas palavras
pois entendo que sou sagrada
e não posso me maldizer

tenho a alma dourada
pintada pelas mãos de Oxum
de rios e quedas d'água
e caminhos abertos por Ogum

O amor não mora na urgência do outro

Vou ser sincera com você: vai doer. Reconhecer que muita coisa me dói foi uma das atitudes mais dolorosas que já tomei nessa minha vida. Entender o que, quando e como dói exigiu uma força que eu nem sabia que tinha, mas ela estava lá, quietinha, pronta para dar as caras. E as partes que ainda te doem dançam juntas nesse baile do reconhecer. É que muita coisa se perde na estrada da vida, e a gente finge que não vê, deixa pra depois; e é fazendo isso que o que dói passa a doer demais. Talvez mais do que você imagina. Talvez mais demorado do que você imagina, mais triste, mais confuso, mais denso. Ou talvez seja leve, a ponto de te fazer sentir alívio, como se fosse respirar ar puro pela primeira vez e encher os pulmões daquilo que oxigena. Quando a gente passa tempo demais evitando encarar o que nos machuca, finalmente olhar para a dor se parece mesmo com estar vivo. Tenho olhado por um tempo considerável para as minhas dores, já as arrastei por aí como se fizessem parte de mim, como se tivessem nascido comigo e, em certa altura, tive apego. Cada vez maiores e mais donas de si, houve dias em que elas que decidiram se iam limpar a casa, fazer o almoço ou se íamos ver a luz do sol naquela tarde tão bonita. Abri espaço para que elas dominassem tudo; meu corpo virou marionete, meu coração perdeu-se em alguma esquina qualquer e meus pensamentos forjaram casa para que elas fizessem o que queriam de mim. E fizeram. Em alguns momentos não sabia dizer se era eu quem falava ou se eram elas que usavam minha boca e ficamos nesse impasse por um tempo que não sei precisar, mas soube sentir que fora demais. As dores são nossas enquanto dissermos que são e entendi que, mesmo que me dilacere, não sou o que me fere e nem posso ser definida apenas pelo que me dói. Meu corpo precisa ser um lugar onde acolho também as maravilhas de estar viva, um lugar de permanência das coisas boas, de amores possíveis, de futuro. Como pude acolher e entregar propriedade tão facilmente para a dor, mas renegar o amor tão duramente? É como se a dor fosse o que me resta e o que me sobra, já o amor está na escassez da minha existência, que nem me permito sonhar. Só que, para começar a sonhar com o amor, precisei tocar no que me fere como se fosse pedra fundamental, algo que me era urgente. E eu entendia pouco das minhas urgências; sempre preferi acreditar que tudo que era do outro era mais urgente do que tudo que era meu, atendia a qualquer pedido, cedia mais do que firmava, deixei que mais feridas fossem abertas em meu coração desde que fechasse com urgência as feridas do coração dos outros. Assim, fui dançando desgovernada em direção a uma solidão intragável e, veja bem, não sou quem maldiz a solidão; acredito que, em certos momentos, a solidão é que precisa nos bastar. Estar consigo mesma pode ser uma oportunidade de se conhecer e reconhecer, mas essa solidão insuportável tem mais a ver com abandonar-se do que com estar na própria companhia. Sofri alguns abandonos, uns mais difíceis que outros, outros que duram até os dias de hoje, mas o pior foi o abandono de mim mesma. Esse deixar-se é algo que se alimenta silenciosamente das vísceras, da alma e do coração, algo que sussurra pausadamente que tudo bem se deixar para depois, que tudo bem não ser o agora, que tudo bem mais uma ferida. Até que chega a hora do basta. O seu relógio está marcando a hora certa?

Quando a gente passa tempo demais evitando encarar o que nos machuca, finalmente olhar para a dor se parece mesmo com estar vivo.

Mulheres-fogueira

Não se entregar demais
A quem não te deixa arder
Por medo de se queimar

Mulheres-fogueira
Abraçam o fogo
Viram cinzas
E não sentem medo da morte

Dançam como o vento
Pintam a própria pele
Com o sangue das feridas abertas pelo fogo
Enquanto a lua as enfeitiça com seu clarão prateado

Mulheres-fogueira renascem
Fazem do fogo seu lar
E voam para o céu da liberdade
Onde podem queimar e arder sem se culpar

Talvez você precise passar um batom vermelho hoje

Um daqueles bem cor sangue-vivo. Ainda que o vermelho lembre a paixão e você não esteja exatamente em uma boa convivência com ela. Pintar os teus lábios com a cor que faz teu coração arder é mais que uma metáfora, é como devolver ao teu paladar o gosto fervoroso do que te pertence. Mesmo que outro alguém tenha te despedaçado por dentro, mesmo que você deseje esquecer as últimas vezes que sentiu a paixão dominar os teus sentidos, você ainda tem o poder de cobrir os teus lábios com um rubro para sentir de novo o gosto de estar viva. E essa é uma verdade dolorosamente grandiosa: você está viva. O vento te passa pelo rosto e te arrepia a pele. A água te molha o corpo e te presenteia com gotas geladas para matar a sede dos teus sentidos. Você ainda sente as lágrimas se ocuparem dos teus olhos toda vez que se emociona e teu peito se enche das coisas boas quando você está perto daquilo que acredita. Teus quadris se emaranham num vaivém gostoso quando você permite seguir o balanço e teus pés abençoam cada pedaço de terra que você pisa em uma dança mística do viver. E aí está você, esquecendo-se de tudo o que te movimenta o corpo e a alma. Arrastando pelas ruas um coração que antes batia feito escola de samba e hoje está pesado demais para ritmar qualquer enredo. A culpa não é sua. Você acreditou no olhar de todos esses olhos bonitos, ouviu com atenção todas as palavras bonitas que saíam de bocas mais bonitas ainda e fez o que você faz de mais encantador: se entregar. E isso não é um erro. Você é do tipo que se aproveita, aquele que tem uma magia nas mãos e nas pernas, que faz todo mundo se perguntar "o que será que você tem?". Quem não consegue te olhar com esses olhos é que deveria se lamentar, e não você por se entregar mais uma vez. Existe uma beleza grandiosa de viver o que se sente, você faz isso com maestria, mas andar pelas ruas de cabeça baixa, como se pedisse desculpas por sentir, é o seu maior erro. A sua vontade de se fazer invisível toda vez que alguém vai embora é o que está te destruindo.

Talvez você precise passar um batom vermelho hoje e se lembrar de quem você é. Presentear seu rosto com um vermelho bem na cara, encarar-se no espelho enquanto se pinta, vendo a cor se espalhar no meio do seu rosto como um facho de luz que se acende na escuridão, guiando o viajante pelo caminho da esperança. Talvez você precise aproveitar esses dentes grandes e brancos e esbanjá-los sorrindo para qualquer alguém, fazer do seu andar um desfile, bailar livremente por aí como se estivesse sozinha no mundo e quem sabe assim perder a vergonha e o pudor de ser quem você nasceu para ser: imensa de sentimentos.

Talvez você precise passar um batom vermelho hoje e olhar o próprio reflexo. Se olhar pelo tempo que for preciso até reconhecer-se de novo, mesmo que seja difícil, mesmo que se sinta perdida. O vermelho da sua boca é o seu retorno e você não vai se perder mais.

Sagrados corpos

Quando você vai perceber
Que carrega magia nos quadris
E que suas águas são sagradas?

Quando você vai perceber
Que mentiram para você
Quando te falaram que você não é divina?

Negra e mulher
Sua pele reluz o dourado do ouro
Seu cabelo é um emaranhado de sonhos bons
Seu corpo é templo-cura, não pecado
E tem mandinga boa nesse teu sorriso

Nunca se está sozinha quando se está consigo. Tentei de todas as formas encontrar companhia em outros olhos, até me dediquei a outros corpos e dormi dentro de alguns sorrisos. Tinha fé que, se me demorasse no peito de alguém, o que eu tanto procurava iria me achar, preenchendo vazios que me dilaceravam por dentro. Corri mundo e nadei mares na esperança de me encontrar, querendo que alguém me olhasse com olhos molhados de carinho e me dissesse o que faltava. *Qual a parte que me faltava?* Quis que me pegassem pela mão e me ensinassem a viver, me mostrassem qual caminho seguir, me dissessem que perigos eu iria enfrentar. E foi aí que me perdi de mim. Andei tanto por caminhos outros que me esvaziei de mim mesma e deixei que, das minhas mãos, escapasse algo valioso demais. Quis tanto saber a letra do enredo de outras escolas de samba que não celebrei meu próprio desfile quando passou em minhas avenidas. E não tem nada mais triste do que perder sua alma pelas esquinas de ruas que você não sabe nem o nome.

Tive medo de que o que me restasse fosse a solidão, pois não saberia o que sobraria de mim ao me entender só. E é preciso certa coragem para encarar a própria companhia na magnitude de ficar consigo mesma.

Eu, que sempre fui mergulhar em mares desconhecidos, dei uma chance às minhas águas e caí de cabeça na profundidade do meu existir. Confesso que dá mais medo mergulhar no próprio desconhecido do que mergulhar no desconhecido do outro. Descobrir suas nascentes, meandros e leitos é nadar no escuro de si mesma, a fim de iluminar. E é dessa luz que nasce a força da autodescoberta.

Me descobri inteira. Em mim não existia parte que faltava, não precisava que me preenchessem, não precisava beber de outra fonte para matar minha sede. Minhas terras eram férteis e só precisavam de uma rega de água que fosse do meu rio. Água doce, que gela as pálpebras e molha o corpo inteiro. Água que vem em queda de cachoeira e deságua potente.

Era eu que me faltava. E descobri que era eu que me bastava. E bastei.

deixe que seus pés te levem
até a beira de uma praia
e sinta o mar lavando a sua alma
é que no simples moram
as coisas mais belas
e você anda precisando tanto
fazer as pazes com o seu corpo
e se balançar por inteira
como se tudo que te integra ditasse o ritmo
as músicas dançantes que você ama ouvir
e é neste ritmo que
a vida vai ficando mais leve
e você vai entendendo que
o seu corpo é lugar de acolher
sua grandeza em vez de negá-la

Se existe algo que tenho compreendido nas últimas luas é que minhas águas doces não foram feitas para matar a sede de qualquer alguém.
Me sinto como um rio profundo e profano, caverna do mundo, gruta sagrada, que necessita de sabedoria para ser contemplada. E eu, que sempre fui de abrir minhas nascentes para que pudessem apreciar o mergulhar, entendi que profundidade é oração.
Que aprendam a rezar.

– *Peça-me licença antes de entrar*

Sinto que sou sempre o meio do caminho e nunca a chegada. Como se estar comigo fosse uma etapa até algum lugar, um percurso, uma fase. Chegam me pedindo para ser casa e depois me abandonam tão facilmente que nem parece que fui leito, descanso, porto seguro. Já espero que meus começos e fins sigam sempre o mesmo roteiro e uso toda força que tenho para perguntar, olhando nos olhos: "cê promete que não vai embora?". E prometem, fazem juras. Acredito porque preciso acreditar, me apegar numa palavra, me demorar num sorriso, quero me espreguiçar num corpo sem ter hora para levantar. Uma vez me disseram que eu era uma espécie de salvaguarda, um farol de milha. Outra, ouvi que minha presença era tipo feitiço, inebriava. E já teve quem dissesse que não se assustaria com as minhas ondas, que meu oceano era misterioso, mas haveria de navegar. E eu, que facilmente sou amaciada por doces palavras que saem de doces bocas, quis fazer valer a pena toda certeza em mim depositada. Me fiz fortaleza vulnerável do meu sentir, recebi todos os corações que queriam de mim um lugar para pulsar. Pulsei. Transfundi meu sangue, como vampira, tinha sede. E fome. Queria me alimentar e me deliciei no banquete de afeto que me foi oferecido, preparei, servi à mesa e fiz convite para se sentarem. A mesa posta, farta de tudo de mim. Dispus e me despi, inteira. Falei, em pé na cabeceira: "peguem o que quiserem, é tudo para vocês". E pegaram. Uns com impetuosidade, outros com gentileza. E aos poucos a minha mesa foi ficando vazia, minguou. Em sussurros afogados, que se negavam a sair da minha boca como gritos, eu dizia: "você prometeu não ir embora". Minhas palavras estavam embriagadas pelo gosto salgado de minhas lágrimas e, com o sabor amargo daquilo que foi prometido na boca, fui engolindo em silêncio o vazio que ficou. Senti meu corpo apagar, fui caindo lentamente no chão, na esperança de que ele, com sua pedra fria, reta e sem vida, pudesse me dar um sentido de lar. Quem sabe caída ali, sozinha, eu pudesse me derramar inteira. Foi sentindo o peso do vazio que levantei, ainda sentindo os buracos que foram abertos na minha alma e com uma vontade de nunca mais montar uma mesa como aquela. Olhei o que sobrou de mim e tive pena, não deles que pegaram o que queriam e foram embora. Tive pena de mim, que mais uma vez acreditei naquelas palavras ilusoriamente doces. Pena de mim, que permiti que olhos insones se demorassem nos meus olhos intensamente vivos. Quis me pegar no colo, me ninar, me colocar para dormir. Quis ser berço de mim mesma. E fui. Fui também casulo, precisei voltar para o ninho e estabelecer morada lá. Precisava de um tempo sentindo minha própria companhia, recobrar os sentidos, curar as feridas. Precisava pedir perdão para mim. Me olhar no espelho, me ver despida de expectativas, sem as cobranças que eu mesma me faço para ser perfeita. Queria me olhar, mas sem meu típico olhar de dureza que vasculha qualquer falha. Quis me permitir ser frágil. E foi deixando que doesse o que precisava doer que descobri a minha cura, salvação. Se sou o meio do caminho e não a chegada, que eu feche as minhas estradas para quem só está de passagem.

Se sou
o meio do caminho
e não a chegada,
que eu feche
as minhas estradas
para quem
só está de passagem.

Macumbeira

Quando o peito ficar pesado e as pernas
parecerem sem direção
Pegue suas ervas e faça como suas ancestrais
Prepare um banho com as nobres folhas
Use suas mãos imbuídas de magia
E cubra seu corpo com o mais rico dos poderes
Firme sua vela, assente sua cabeça
Ouça os conselhos soprados em seu ouvido
Feche seus olhos
Mas enxergue com o seu Orí
Firme seu ponto
Ouça o som do atabaque pulsando em seu coração
Peça suas licenças e entre na mata
Deite-se ao pé de uma árvore, durma o sono das justas
guerreiras

Se banhe nas águas douradas, se seque no vento que sopra vida
Corra e não pare
Faça a sua feitiçaria
E quem te chamar de bruxa, peça que chame de
macumbeira
Aquela que atravessa os mares de fogo
Mas nunca se queima

Os mandamentos da mulher livre

I. Ser fortaleza, mas não impenetrável.

II. Não permitir que a força seja maior que a ternura.

III. Que eu me deixe desaguar da mesma forma que amparo o choro que escorre de outros olhos.

IV. Que eu me dê o amor que tanto busco em outros corpos.

V. Que eu reconheça que em meu corpo a fúria e o afeto andam lado a lado.

***Nem todo mundo vai saber te aproveitar e é por isso
que você deveria se conceber o sentido de sagrada.
Não adianta querer dar de beber para quem não tem sede,
beba você da sua fonte.***

Às vezes, insistimos em ensinar ao outro que somos valiosas, que merecemos o mais verdadeiro dos afetos. Mas me pergunto: será que realmente acreditamos nisso? Quanto tempo você perde tentando fazer com que entendam que você é o suficiente? Lembro-me bem de que eu costumava acreditar que era minha responsabilidade garantir que quisessem me amar, até mesmo me transformei em versões idealizadas de quem não sou para garantir o amor do outro. Aceitei me abandonar e aceitei sem questionar. Tornei-me *ela* para não ser *eu*. Fui a ex, a amante, a esposa e até a mãe. Moldei meu corpo e minha alma à forma da necessidade de cada um que me quis. E sabe a pior parte? É que eu nem sequer me perguntava se eu também os queria. O que se quebrou dentro de mim para que eu acreditasse que só seria amada se não fosse quem eu sou?

O que se quebrou dentro de você?

Queria ter o poder de te mostrar que você é grande demais para a pequeneza de alguns, mas pode ser infinita para você mesma. E é isso que importa. Você tem andado ocupada tentando convencê-los de que é boa o bastante, afinal, foi assim que te ensinaram. Mas sempre há a chance de desfazer esses nós, cortar o fio do que te prende ao chão e, enfim, aprender a voar.
Eu sei que a gente espera que nos deem o que se tem de mais lindo de dentro do peito, mas há quem não sinta sede de vida, quem não se molha porque não quer se secar depois, quem não voa por ter medo de altura. E você é para quem aprecia o teu voo livre e quer voar também. É para quem quer sentir a brisa beijando o rosto, quem abre os braços como se fosse um grande pássaro e sente as nuvens abraçarem seu corpo. Lembre-se disso quando sentir que quer se derramar em quem tem medo de se deixar molhar.

Você tem andado ocupada tentando convencê-los de que é boa o bastante, afinal, foi assim que te ensinaram. Mas sempre há a chance de desfazer esses nós, cortar o fio do que te prende ao chão e, enfim, aprender a voar.

Você precisa aprender a ir embora. Assim mesmo, sair andando a passos largos de firmeza, sentindo as calçadas da rua por onde você não se perdeu. Sem olhar para trás, sem arrepender-se do que não foi dito porque você disse tudo. E, de tudo que poderia ser dito, até as palavras cortantes só para lamber os cortes depois. Sai correndo, se for preciso, entra em desespero, olha o próprio reflexo na vitrine de uma loja só para constatar o fim e alegar: *"acabou"*. Grita, se for o caso, abre a boca, expõe os dentes e berra o que tanto te prende.

Você precisa aprender a ir embora. Deixar sua ausência flertar com a solidão que você causa. Permita que o apego se alastre pela sala e faça barulho.

Precisa fazer falta sem ser discreta.

Teu vazio faz ruído, você precisa deixar que os outros o ouçam também. E há beleza em dar as costas, jogar tudo para o alto sem a intenção de limpar a bagunça depois. Ir embora do que te prende tem um quê de liberdade. E liberdade combina com amor. O próprio. E combina com amar, pois não existe amor onde não existe a possibilidade de ser inteira.

quando te deixam lá para cair
e você não cai, é como
se estivesse os desafiando
a te derrubarem de novo
e de novo e de novo
mas o que eles não sabem
é que é impossível derrubar
a força de mil sóis
mil luas e mais mil oceanos
eles não sabem que
mesmo que você caia uma
duas, três ou quatro vezes
você se levanta e levanta
como se tivesse fogo nas ventas
e nos pés e nas mãos
é como se cada queda
incendiasse seu coração
que incendeia a alma
de quem quer te ver cair

tem algo de muito bonito em saber estar só
uma beleza que acontece miudinha assim
sem ninguém pra ver
caminhar solitário por ruas conhecidas e desconhecidas
permitindo se perder um pouco sozinha pra se achar
depois
é que a vida tem dessas de ser professora
quando a gente acha que sabe muito
a solidão aparece pra perguntar se a gente sabe ser
sozinho também
e é aqui que mora a beleza de que tanto falo
quando um amor termina e abre espaço em nosso peito
alguma coisa precisa ocupar e
é bonito quando a gente se ocupa nós mesmas
e aprende de novo a se bem-querer
canta de novo a nossa música favorita,
muda os móveis de lugar ou corta o cabelo
quando alguém vai embora
precisa sobrar muita coisa da gente

porque é nessa sobra que o redescobrir acontece
recalcular as rotas, abandonar estradas e trilhar outras
descobrir universos, sotaques e novos amores
se apaixonar por um café charmoso no centro da cidade
ir ao cinema ou caminhar num parque
vive bem quem sabe bem se aproveitar

Vive bem
quem sabe bem
se aproveitar.

Impor limites também é dizer adeus

Você vai se despedir de algumas pessoas quando começar a impor os seus limites. Não vou mentir, vai doer. Me lembro de quando desfiz laços que jamais imaginei romper, e meu coração parecia querer parar quando enfrentei a solidão. Foram dias muito cinza, quase sem vida, sem cor. Me lembro de traçar um plano, planejar um pedido de desculpas a todas as pessoas de quem ousei me afastar. "Como pude?", me perguntava. Costumava olhar nesses olhos e me demorar em certos sorrisos, corpos e almas que prometi amar acima de tudo. Até de mim mesma. E esse erro foi certeiro como uma flecha bem no alvo. Vai doer. Você sentirá falta de ar, como se o oxigênio de que seus pulmões precisassem fossem as relações que você rompeu. Suas pernas esquecerão como caminhar, tropeços e asfaltos irregulares serão a sua companhia mais diária. Você vai se perder sem saber para onde ir. E é nesse momento que você vai precisar de coragem. A coragem de se escolher em primeiro lugar. É ela que vai te mover em direção a si mesma e, também, te fazer enxergar que certas relações só existem enquanto você negligencia suas prioridades, pessoas que só permanecem ao teu lado enquanto você se diz silenciosamente que pode ficar para depois. E o depois é tempo.

Faz parte desse processo de resgatar a autonomia entender que a encruzilhada da vida nos apresenta um momento em que o caminho precisa ser percorrido com passos solitários de firmeza. É ali, nesse cruzamento, que você dá os primeiros passos em busca de si. Você é o agora e o tempo. Certas relações, pessoas e lugares já não fazem parte da sua nova trajetória e um dos maiores atos de amor-próprio é o de deixar ir.

Deixe que se vá aquilo que te pesa os sentidos e abra espaço para quem quer apreciar a sua jornada em direção a si mesma. Há beleza nessa coragem de se escolher, mesmo que te doam os ossos e a solidão te abrace. Penso que a solidão pode ser uma ótima oportunidade de ficar consigo e escutar o que seu coração anda pedindo. E, acredite, é melhor estar plenamente sozinha do que estar com muitos alguéns incapazes de apreciar teu voo solo.

Se presenteia com a chance de caminhar em direção a si mesma. Boa sorte no processo, corajosa.

Penso que a solidão
pode ser uma ótima
oportunidade de ficar
consigo e escutar
o que seu coração
anda pedindo.
E, acredite, é melhor estar
plenamente sozinha do
que estar com muitos
alguéns incapazes de
apreciar teu voo solo.

não me permito mais ser definida pela dor
nem permito que me definam pelo
que me rasga o peito
sou a lua de mil sóis
constelação arrebentando os céus
e não aceito menos do que mereço

indisponibilidade
na dose certa
é autopreservação

Você não é o que te feriu. Mesmo que suas pernas fiquem pesadas, impedindo que você siga em frente; mesmo que seu coração pareça abandonado sem ter sangue para bombear; mesmo que suas mãos tenham se tornado incapazes de segurar outro par de mãos; mesmo que seus olhos estejam insones, você não é o que te feriu. Você não se transforma na dor que você sente, mesmo que seja dor demais.

Nem sempre você vai gostar de você, nem sempre você vai conseguir se olhar no espelho e sentir orgulho do que vê, nem sempre a sua música preferida vai fazer teu peito se preencher das coisas boas. Às vezes, tudo que vai conseguir fazer é adiar a hora de tirar o pijama, pois sentirá medo de viver o dia. O céu se vestirá de cinza, como se nenhuma cor fosse capaz de colori-lo, e as horas, com suas pernas pesadas, se arrastarão como se não tivessem pressa. Eu sei, têm sido tempos difíceis. Você se sente perdida depois que, mais uma vez, entregou seu coração pulsante para quem tem medo de sentir o sangue correndo nas veias. Você valsou, ouviu os sinos das igrejas, bailou conforme o ritmo do tambor e, mesmo assim, parece que se perdeu da melodia. Você é de se dar inteira, sempre foi. Entrega o seu axé com intenção; apresenta os seus lugares favoritos, doa magia aos olhos que nunca sentiram a emoção transformar o choro em cachoeira e até mesmo ensina mandinga boa para quem nunca soube fazer reza. E eu também sei que, deitada em sua cama, onde toda a dureza te faz companhia, você se pergunta onde é que deu errado. Seus ombros grandes e cansados se curvam e é um sinal de que você anda carregando um peso que não é seu. Tua boca emudece e você mal consegue ouvir a própria voz porque se sente sufocada pela culpa que cobre teus olhos e o teu coração. Quando você vai aprender a se olhar com mais carinho? Amanhã, quando os raios de sol invadirem a tua janela, abra as cortinas e diga "seja bem-vindo". Troca a roupa de cama, coloca aquela colorida, que se parece com a tua alma. Toma um banho e deixa a água morna fazer carinho no teu corpo, depois toma um banho de mel e perfume para que Oxum te ensine como é bom saber de si. Muda os móveis de lugar, abre mais espaço na sala para dançar, coloca um samba de partido-alto no último volume para que todos saibam que você está sambando vida. Canta a plenos pulmões que você tem balancê para dar e que tem carnaval para desfilar. Joga fora aquilo que não te cabe, seja uma calça jeans tamanho quarenta e dois, seja uma relação falida em que só você fez do amor uma ação. Compra um batom novo, um vermelho-vivo, para combinar com aquele vestido que deixou de usar porque ele achava "coisa demais".

E você é pouco, menina?

Quando você vai
aprender a se olhar
com mais carinho?
Amanhã, quando os
raios de sol invadirem
a tua janela, abra as
cortinas e diga
"seja bem-vindo".

Te chamarão de megera, louca e feiticeira
E com um sorriso largo você responderá
Se ser megera, louca e feiticeira
É ser livre
Então eu sou

Cinco conselhos que eu te daria na mesa de um bar

1. ***Não permita que te acessem tão facilmente.*** *Entenda, você não é para todo mundo nem todo mundo merece o seu tempo, a sua energia e o seu axé. Você precisa começar a limitar pessoas e lugares se quiser desenvolver autonomia sobre você, sobre seu corpo e sobre suas escolhas.*

2. ***Você não tem o poder de reabilitar as pessoas.*** *Eu sei, essa foi a dinâmica das suas relações até agora – você, como a salvadora dos que estavam em apuros. O que você não sabia é que não tem como salvar alguém que só corre perigo, pois esse alguém precisa ser salvo de si mesmo. Fique atenta a quem coloca o peso do mundo nas tuas costas, pois você precisa se ocupar de cuidar de si mesma antes de cuidar de alguém.*

3. **Seus limites não vão fazer sentido para todo mundo e está tudo bem.** *Até mesmo porque os seus limites precisam fazer sentido para você, precisam estar alinhados com o tipo de tratamento que você se dá e deseja receber do outro. A gente tende a querer justificar nossos limites para as pessoas e, de certa forma, faz sentido. Mas, de verdade? Quem te quer por perto não vai precisar de explicação para te respeitar porque simplesmente te respeitará sem letras miúdas.*

4. **Os relacionamentos ruins que você teve não definem quem você é.** *Ainda que doa, ainda que sua alma esteja cheia de cicatrizes e ainda que você sinta medo, você não é o que te feriu. Você é um emaranhado de coisas boas e nas suas mãos está o poder capaz de te curar. Você é divina como a luz do sol e como o prateado da lua. O que te dói, te dói, mas o que te faz ser quem você é, é a imensidão que você ainda tem para viver. Tenha mais paciência consigo mesma.*

5. **O outro tem direito ao tempo para a mudança, mas você não precisa permanecer à espera enquanto a mudança não acontece.** *Temos romantizado demais certos processos individuais e nos esquecido do quanto essa espera pela mudança do outro pode nos adoecer mentalmente. Você não precisa suportar desrespeito disfarçado de promessas e não precisa permanecer em relações que te dilaceram. Cada pessoa tem seu próprio tempo e você, meu bem, tem o seu.*

O cuidado de quem cuida

Certa vez, em dia de gira no terreiro, ouvi da boca sagrada de um caboclo que eu só poderia cuidar de alguém se estivesse fortalecida, pois não há beleza nem virtude em ajudar alguém e acabar ferida, destruída e enfraquecida depois. E, desde então, tenho pensado bastante nas noções de cuidado que aprendemos e ensinamos e em como elas se afastam de todo sentido de autocuidado também. O cuidar é majoritariamente praticado por mulheres, como se fosse algo inerente à nossa existência, como se fizesse parte do ser mulher. E é por isso que, desde muito cedo, somos ensinadas a performar noções de cuidados. Lembro-me de quando eu ainda era menina e as mulheres da minha família tentaram me ensinar a cozinhar, não para que eu aprendesse a me alimentar, mas sim para que eu aprendesse a alimentar meu futuro marido.

Lembro-me também da sensação constante de me sentir sozinha, já na adolescência, parecia que meus atravessamentos e dores eram coisa demais para os meus amigos escutarem, embora eu sempre tenha estado disponível para escutá-los. Fui aprendendo a ser forte desde muito cedo, como se em minha vida já não houvesse espaço para ocupar com aquilo que me rasgava o peito e a carne. Essa força é o que mulheres negras como eu aprendem por obrigação, nós sabemos que a força é a garantia da sobrevivência. O que não nos contaram é que essa mesma força, que nos mantém vivas, é capaz de, lentamente, nos roubar o sentido de humanidade. Quis me forjar em fortaleza para que enxergassem em mim alguém que era forte o bastante, pois entendi que, assim, haveria a possibilidade de ser vista, ainda que não de verdade. E assim fiz das minhas relações uma constante troca; de mim, tinham todo o cuidado que eu era capaz de dar e, do outro, eu tinha as migalhas de afeto oferecidas, acreditando que era o que eu merecia. Foi também no terreiro que fui aprendendo a me saber e entendi que o autossaber é sabedoria ancestral. Foi pisando com pés ainda inseguros e descalços em território humildemente sagrado que ouvi pela primeira vez sobre autocuidado. O cuidar foi cooptado por lógicas desumanizantes do amor e do amar, em que mulheres como eu sempre ocupam o lugar de quem cuida, mas nunca de quem é cuidado. Comigo não foi diferente e, provavelmente, com você também não. Cuidar passou a significar amar, ainda que cuidar te dilacere de dentro para fora, ainda que te faça sentir como se a única forma de ser amada seja cuidando do outro, ainda que você se veja sem forças para cuidar de si mesma.

Quando o caboclo me disse que, para cuidar do outro, primeiro eu precisava cuidar de mim mesma, foi como se o sol iluminasse a minha alma, como se um cômodo antes frio e escuro tivesse se transformado em vitrais que refletiam os raios solares em uma manhã de primavera. Senti como se tivesse finalmente chegado ao meu destino depois de tanto correr sem direção. Me vi tão frágil ali, na companhia de um ser ancestralmente sábio, que pude me ver inteira. E é verdade: eu estava enfraquecida demais para cuidar de qualquer alguém e, finalmente, era chegada a minha hora. Entristeci-me ao perceber que já fazia um tempo que ninguém cuidava de mim, sentia-me abandonada à própria sorte. Logo eu, que sempre falei e ensinei como se ama e como se cuida, estava nessa corda bamba e frágil do ato de se perceber. Meu corpo precisava de descanso e de uma companhia que só eu sabia ser, a mesma que tanto fiz a outros corpos e almas aflitas. Cuidar é, primeiro, um ato solitário que acontece em silêncio, na miudeza do viver. E é no terreiro onde acalmo os sentidos e sou vista com inteireza, é onde posso ser o que sou sem explicações e onde sou ensinada a me cuidar antes de cuidar do outro.

Eu acho que você tá precisando de um samba
Sentir a magia dos seus quadris fazer feitiço
Com o seu corpo em chamas abrindo os caminhos
Que foram fechados por quem não queria te ver
Livre

Sentir-se amada

Nessa dança do amor-amar, mais importante que aprender a amar é aprender como que você se sente amada. Falo desses mil jeitos que existem de amar alguém, daquilo que nem sempre é um "eu te amo" falado com a boca cheia, pois o amor também mora na miudeza dos gestos. Às vezes, uma escuta acolhedora é o que traduz o "eu te amo". Me sinto amada quando algo que é importante para mim também passa a sê-lo para aqueles que me amam, pelo simples fato de ser importante para mim. Me sinto amada quando leem o que escrevo ou, então, quando recebo um "lembrei de você" em uma quinta-feira, no final da tarde, depois de um dia cheio de trabalho. E foi importante entender como e quando me sinto amada para aprender a reconhecer quando e como o outro me ama. Ou não. Há quem diga que amor e atenção não se cobram, mas ouso discordar. O caminhar das relações é aprender como amar o outro e ensinar como o outro pode te amar. Essa ideia de que as pessoas deveriam saber como nos encantar tem mais a ver com um tipo de egoísmo que não trata o outro como um ser humano integral com história própria e que pode não amar da mesma forma como você quer ser amada. O amor não só se cobra, mas também se ensina e se aprende a cada vez que seu coração encontra um novo lugar de permanência. O que é o amor senão um eterno professor? A gente é que tem que se colocar disponível para aprender o que o amor quer nos ensinar, pois o amor não sobrevive nas disputas e, em algum momento, você vai precisar jogar fora as suas noções do amor e do amar para poder enxergar a vulnerabilidade do outro com olhos de carinho, assim como o outro enxergará a sua. O amor precisa ser mais do que exigências. E, sobretudo, ser humilde. Passamos uma vida inteira perseguindo-o, desejando amar e ser amada. E é mesmo de uma beleza infinita quando ele acontece. Mas, contrariando o que nos ensinaram, não acredito que esse é o único tipo de amor que existe. Dito isso, te pergunto: como e quando você se sente amada por você mesma?

Em um desses términos, em que o mundo mais se parece com uma rua escura em um bairro desconhecido, tateei pelo chão sem saber exatamente o que procurava. Me sentia perdida, mas não qualquer perdição. Eu estava perdida de mim mesma. Me perguntava o que tinha sobrado de mim, agora que o que me era tão meu já não era mais. O que tinha sobrado de mim, agora que acabou? E, confesso, implorei pela volta. Usei toda força que havia me sobrado e, em vez de lutar por mim, lutei pelo "nós" que nunca esteve atado. Quis amarrar, prender-me a algo que estava tão fraco que mal me suplantava. Eu é quem suplantei por tempo demais o que nunca vingou, nem tínhamos um nome para o que tínhamos. Aconteciam esquivas de todo tipo até o dia que a esquiva se pintou de sumiço e em um único golpe fui nocauteada. De repente, o meu sol amarelo se apagou como em uma tempestade de viração e chovia torrencialmente no meu céu. Amedrontei-me ou fui amedrontada? A solidão tem dessas de não responder a nenhuma pergunta, mas fazer todas as outras. E foi nesse passo e nessa rua escura que encontrei um pouco de mim sentada em uma calçada. Encontrei-me com a cabeça entre os joelhos curvada como quem tem medo do mundo lá fora. Entre minhas lágrimas, entendi que não restavam dúvidas, precisava de mim e precisava agora. E, enquanto saía correndo, rumando em direção a um lugar que me parecesse conhecido, uma questão se debatia ardente dentro do meu peito: como posso saber como e quando me sinto amada se só aceito o amor que o outro me oferece?

Se permitir não ser o que o outro imagina
tem gosto de liberdade

Gosto de quebrar todas as expectativas que têm de mim, seja no amor ou não, faço questão de não ser o que esperam que eu seja. E me entenda bem, não sou inimiga das expectativas, mas sou minha melhor amiga e sou cruelmente de verdade. É que passei tempo demais forjando mil versões minhas que hoje já não cabe nenhuma outra partícula que não seja minha em mim. Já meti os pés pelas mãos acreditando que ser encantadora era ser quem queriam que eu fosse e não quem sou, quase como se eu deixasse de existir a cada nova relação. Mas, à noite, entre mim e minha cama, dormia sufocada no meu eu. Lá era o único lugar onde eu poderia existir, embora não fosse um viver de verdade, e sim um existir encharcado de culpa. Esta, sim, aprisionadora, me fazendo ficar tempo demais embaixo da cama com medo de sair. Só que o medo é corrosivo; vai corroendo nas entranhas até que da gente não sobra muita coisa e só nos resta o refazer de si. As expectativas do outro sobre a gente são apenas ideias que não deveriam ter tanto peso e sei que se livrar desse peso é coisa difícil demais. E sei que a vida acaba por ficar mais leve quando a gente entende que ser quem somos vale mais a pena do que esse eterno ajuste do que somos. E é de se pensar que relações são essas que só existem com a premissa de que sejamos outras pessoas, e nunca nós mesmas. Me permitir não ser o que o outro quer também me permitiu ser mais realista ao me relacionar comigo e com o outro. Não quero ser outra pessoa que não seja eu pois, dentro do que eu sou, existe a possibilidade de ser amada. Não estou perdida e não preciso de complemento para existir, não estou à procura de alguém que sirva como salvação para o que ainda não sou. Sou inteira de mim, com mil partes bonitas e mais mil partes quebradas. Não estou interessada em ser quem desejam que eu seja, assim como não estou interessada em que sejam o que quero. Procuro um lugar onde as expectativas sejam mais realistas e menos idealizadas e renuncio àquilo que pode vir aprisionar o existir do outro. Não me escondo mais nem tenho medo, já não estou mais embaixo daquela cama tremendo de frio e não aceito mais ser colocada de volta. O amor não aprisiona, mas, sim, liberta.

Dos outros mil amores que existem, o que considero o mais importante é aquele que a gente se dá na própria boca. Cultivado sem mistérios, sem ressalvas e sem meias-palavras. De boca sempre cheia do que adoça o corpo e a alma, esse tipo de amor ficou escondido atrás da porta durante muito tempo, mas nunca deixou de ser um direito de todas as mulheres imensas. E foi com ele que entendi que precisava me dar o amor que tanto queria receber do outro, pois é esse amor que me deixará inteira depois que o amor do outro acabar. Já não deposito todas as fichas do amor em outro alguém, pois o amor do outro não pode ser o único amor que conheço. Preciso que sobre muito de mim quando o céu ficar cinza e a solidão me fizer companhia.

Lições que aprendi com o tempo

1. ***O pedido de desculpas que você tanto espera pode não vir:*** seja lá qual for o motivo (e acredite, já passei tempo demais tentando adivinhar quais são), a gente não pode esperar que alguém que nos feriu tanto também pode ser alguém que vai se desculpar por tudo que nos causou. Algumas pessoas conseguem chegar ao centro da nossa dor, mas nunca vão se responsabilizar por ela. E esperar por algo que pode nunca vir é desperdiçar ainda mais tempo desejando contato com alguém que nunca mereceu chegar tão perto de você.

2. ***Algumas pessoas simplesmente irão escolher não entender os seus motivos:*** sempre me expliquei demais, acreditava que se eu mastigasse meus motivos, mi-

nhas questões e meus sentimentos, seria compreendida. Errei tão feio que quase me perdi de mim ao tentar fazer com que alguém que já tinha escolhido não me entender entendesse. Não importa, você pode ser a vilã, a vítima, a certa ou a errada. E não é o seu papel provar quem você é o tempo todo.

3. **Se relacionar é uma escolha, o amor também:** o amor não se faz sozinho, muito menos na inércia. Para que o amor seja, é necessária ação, algo que tem faltado na gente. O amor não é simples, não é algo que acontece, assim, como uma brisa, apesar de poder ser leve e fresco como uma brisa. Escolher amar e escolher se relacionar precisam acontecer com intenção. Se não, morre antes mesmo de começar.

4. **Às vezes, a gente precisa se ausentar para que o outro preencha:** nem tudo está no nosso controle, aliás, quase nada está. Tem momentos que a gente precisa esperar que o outro faça suas escolhas e tome certas atitudes sem a nossa ação, sem implorar. E eu bem sei o quanto pode ser difícil essa espera, mas o outro também precisa aprender a caminhar com as próprias pernas.

Sagrada ou profana?

Você não é uma coisa só. Dentro do seu corpo, há ferramentas que te fazem mutável e, também, única. Nem só boa, nem só má. Ambas. E mais mil outras coisas. Em certas bocas você será uma ou outra, o que é injusto com você mesma e um pouco triste com quem acredita nessa ignorância. É que, para te conhecer, é preciso saber apreciar, como manga doce deliciosa que lambuza e bagunça ao ser provada. E tem gente que não sabe mesmo. Já fui a megera, a louca e a sem coração. Também já fui a santa, a inocente e a ingênua. Outras vezes fui a indiferente e a fria. E sabe o que todas têm em comum? Nenhuma delas foi definida por mim. O outro entendeu que eu era alguma dessas coisas e me colocou nesse lugar como se eu pudesse ser definida por uma ou outra, nunca todas ou nenhuma. E isso é um erro. Acreditar em uma dessas definições também o é. É perigoso estar perto de quem apresenta dificuldade de enxergar a nossa magnitude, pois essa incapacidade pode acabar por nos limitar em vez de expandir. A gente nunca sabe tudo de si, imagina do outro. É com olhares preguiçosos que tomo cuidado e você também deveria: se não conseguem admitir que você é tantas, como podem ousar defini-la?

Como alguém que já passou tempo demais tentando (e falhando) ser amada, validada e aprovada, sei que é uma batalha perdida. É como tentar nadar em um mar de ondas gigantes, inútil. E, ainda que você atenda a todas as expectativas, renuncie a si mesma, passe por cima dos seus limites e sustente situações desconfortáveis, nunca será o suficiente. Quem quer te definir por uma coisa ou outra vai fazer isso, fugindo do seu controle. Mesmo se explicando demais, pedindo desculpas demais, cedendo demais. Há pessoas que já decidiram quem você é, ainda que você não seja. Há algo de muito encantador em enfrentar essas definições e rir delas, mas com vontade, às gargalhadas. Rir como quem sabe que nenhuma definição é capaz de tanger o seu tamanho.

A gente nunca
sabe tudo de si,
imagina do outro.

Acredito em mim, pois meus ancestrais
acreditaram em um futuro em que eu
pudesse existir sem sentir medo
Sou o sonho-futuro daquelas que não
tiveram a chance de escrever para se derramar
E tenho em mim mil vidas e mil lutas
de quem sofreu com o amargor da vida
e de quem sonhou com a mais
doce das liberdades

Quando a possibilidade do amor está em nossas mãos

A gente tem se ocupado em falar e contar as histórias dos amores que não existiram, que não vingaram e que nem eram amores direito, mas não temos falado sobre quando o amor está sendo ofertado. Sendo mulher, negra e gorda, o amor sempre esteve mais no campo da fantasia do que na realidade da minha vida e, a certa altura, acreditei mesmo que o amor não me era uma possibilidade. E isso me endureceu de dentro para fora. Estava acostumada a me olhar com rudeza, com certo amargor para tudo que tinha a ver com amor e amar. Apesar de me achar capaz de amar, passei a acreditar que era incapaz de ser amada e soube me retirar de relações quando o amor estava a muitas léguas de distância de mim. Era como se eu já previsse: tudo começava bem e caminhava melhor ainda, depois começavam as desculpas. Ótima como amiga, ótima para conversar, ótima para se divertir, mas nunca para amar. Me acostumei com essa dinâmica, a não esperar nada de qualquer relação; me olhava no espelho com uma cara de quem entendia perfeitamente por que ninguém seria capaz de me amar. E eu não poderia estar mais errada. Dos desamores que provei, o que mais me envenenou foi o que eu mesma me dediquei, como se o amor não fosse algo meu e não tivesse nascido comigo. O amor nasce com as mulheres negras, mas nos é roubado no primeiro lampejo de bem-querer que nos aparece. Tentam de todas as maneiras roubar o sentido de amor da gente e, quando algo que se parece com amor trisca em nossa pele, fugimos como se significasse a morte tentando nos engolir.

Lembro-me de como lutei contra o amor nas oportunidades em que ele surgiu como o primeiro raio de sol da manhã. Era como se minha pele tivesse alergia ao toque com ternura, às palavras doces e ao afeto que acalma em vez de desesperar. Minhas pernas queriam andar na direção contrária, como quem tenta brigar com o vento e acaba por fazer muita força para dar um passo. Meu coração foi traiçoeiro, se negou a se abrir e bater em outro ritmo, sempre pesado e acelerado como se corrêssemos perigo. Era assim. Toda vez que o amor batia à minha porta eu me apressava em trancá-la. Me pergunto se poderia ser diferente; uma vez que eu não enxergava a possibilidade de o amor existir em minha vida, como poderia acreditar no amor que se apresenta através de outro alguém? Quando te convencem de que tudo o que você é te torna alguém incapaz de ser amado, você aprende a negar o afeto que querem te dar, pois o amor só pode existir com você fazendo concessões de todo tipo. E o que é o amor se não uma oferta sem moeda de troca? Não falo de quando o amor não existe, mas justamente do contrário: quando o amor existe, quando o amor está sendo oferecido em suas mãos, você tem acreditado nele ou fugido?

E o que é o amor se não uma oferta sem moeda de troca?

Um recado para o seu corpo

Seu corpo te levou a todos os lugares aonde você foi e te levará para todos os lugares aonde você irá. E, é verdade, talvez ele não seja exatamente como você gostaria, talvez ele não esteja mais como você um dia já gostou, mas ele está aqui e agora. Nos dias solares ou chuvosos, quando você se decepcionou e quando chorou de alegria, quando precisou de uma companhia e não teve, quando dançou até suas pernas se cansarem, quando realizou aquele sonho de criança, quando se formou na faculdade ou quando se apaixonou pela primeira e pela última vez, ele estava lá. E eu sei que agora parece mais fácil culpar o seu corpo pelo desamor que você experimenta, sei que você pensa que o seu corpo é o culpado por terem ido embora, por terem te deixado, por terem ido sem avisar. Sou íntima dessa sensação; procuramos na gente os

motivos que fazem as pessoas tomarem suas decisões e parece óbvio assumir que o problema é sempre a gente e, por consequência, o nosso corpo. E a gente acredita mesmo nessa injustiça e se molda, cumpre necessidades que não são nossas em nome de um tipo de amor que mais se parece com uma batalha. Como escrevi anteriormente, não ouso definir o amor, mas sei definir o que não se parece com ele. O amor não é algo frágil desse jeito, e eu sei que nos fazem acreditar que nossos corpos não são dignos da ternura e do afeto. Sei bem que é difícil acreditar no contrário quando tudo que te ensinam sobre você mesma tem a ver com anulação, submissão e desamor. É como se, para sermos amadas, precisássemos nos tornar outras pessoas, quase como não existir. Então, por que você persegue tanto um amor que diz "não" à sua existência? É urgente romper com essas noções românticas que dizem que amar é renunciar a si mesmo, é tratar o corpo como algo que precisa de modificação para ser digno de ser amado. O amor é uma possibilidade para todos os corpos, pois o amor tem olhos capazes de enxergar a inteireza do corpo e da alma.
Nos lugares certos, você é amada e aqui, meu bem, você é. Bem-vinda.

O amor não é algo
frágil desse jeito,
e eu sei que nos fazem
acreditar que nossos
corpos não são dignos
da ternura e do afeto.

E caso você esteja precisando ler estas palavras, eu te digo:
O amor nasceu com você
O amor te pertence
O amor é uma possibilidade
Para o seu corpo, para a sua pele
E para a sua alma

Oxum quer que você saiba...

Você tem amor nos olhos, sabia? Olha para as coisas com olhar de quem acredita na vida, mesmo depois de tanta coisa que tenha te acontecido. É um olhar que não se pesou, apesar das durezas da vida, e eu sei que foram muitas. É como se você sentisse a necessidade de ver beleza em tudo, pois assim se lembra de que também há beleza em peles tão marcadas. Você tem dias cinza, assim como todo mundo, mas o que te faz única é que, justamente nestes dias sem cor, você consegue iluminar cidades inteiras. Em tuas palavras existe mandinga boa, do tipo que a gente aprende com um preto velho de pés descalços e sendo iluminada pela meia-luz de uma vela. Tudo que sai da tua boca vira encantamento e você nem percebe, é como se toda sua magia abençoasse quem tem o privilégio de te ver viver. E você pode até estranhar, torcer esse teu nariz e discordar de mim, mas te observar precisa ser para poucos. Bem sei que você é do tipo que se dá, acredita que tudo o que você tem merece ser tocado por todo mundo que te vê. Só que nem todo mundo que te vê, te enxerga. E tem como não enxergar a grandeza do que você é? Você passa tempo demais tentando fazer com que te olhem com os mesmos olhos que você olha o mundo, mas não sabe que é impossível ensinar o que te torna única. Você une poesia e magia, anda livremente, se machuca e se levanta, não cai por qualquer coisa, mas quando cai, é para se reerguer. Você ensina tanta coisa ao mundo e o mundo te ensina o mesmo tanto, mas ainda precisa aprender a se resguardar de quem tem medo de se olhar no espelho. Oxum, sua mãe, carrega um espelho para refletir quem tem medo da luz do sol reluzindo no reflexo e você precisa aprender a ser raio de sol; queimar ou brilhar? É esta sabedoria que anda te faltando, menina. Aprenda a dançar e deixa os teus quadris te enfeitiçarem, faz do teu balanço liberdade e te liberta dessa obrigação de ensinar o amor para quem nem acredita nele. Tem um rio profundo e profano te esperando mergulhar e a tua intensidade se parece com uma queda de cachoeira, medo nenhum te passa os olhos e por isso seu sobrenome é coragem. E precisa mesmo de muita coragem para existir sem pedir desculpas pela grandeza que se tem. Você não é do tipo que se desculpa, você é do tipo que ocupa. Ocupa todos os lugares e lacunas com a sua presença impossível de ignorar, não percebe? Quando você chega, os pescoços viram, os corações formigam e sua voz é capaz de guiar exércitos inteiros. Você é serena como um rio sem ondas e é intensa como as cataratas. E nada será capaz de te prender, pois é impossível conter a água.

Acreditamos nos livros

Este livro foi composto em Source Serif
e impresso pela Lis Gráfica
para a Editora Planeta do Brasil
em janeiro de 2025.